AF579667

EL TRAMO OSCURO DEL LARGO CAMINO

EL TRAMO OSCURO DEL LARGO CAMINO

OSCURA REALIDAD DE UN SECUESTRO

BERNARDO CAICEDO GUTIERREZ

ISBN:978-9962-17-768-5

Bernardo Caicedo Gutiérrez. (Cartago - Colombia 1954). Es Ingeniero Civil. Vive hace quince años en ciudad de Panamá. Es su primer trabajo como escritor, en este libro, narra las vivencias durante su secuestro.

DEDICATORIA

Gracias a mi esposa, Amparito González, motor que me impulsó a escribir estas letras.
Carmen Elisa, Mela, por acompañarme en la tarea de revisión.
Andrés Felipe Caicedo por su gran aporte para la publicación.
Mi gratitud a: Jaime Andrés Caicedo, Carlos Mazuera.

Si para recobrar lo recobrado debí perder primero lo perdido,
si para conseguir lo conseguido tuve que soportar lo soportado.
Si para estar ahora enamorado fue menester haber estado herido,
tengo por bien sufrido lo sufrido, tengo por bien llorado lo llorado…

Francisco L Bernárdez.

INDICE

1. LA INFANCIA

Le entregaron una cobija y se dirigió a la tienda improvisada que le instalaron, el piso estaba húmedo, habían puesto un plástico sobre la hierba, estaba un poco alta. Como pudo se acostó, no se acomodó, el suelo era duro, el frio le alcanzaba todo el cuerpo, el resto de noche fue espantosa, no durmió mucho.

Al abrir el nuevo día, salió de la carpa, ya no llovía, miro a su alrededor, al oriente despuntaba un tenue sol. Se encontraba en un bosque no muy tupido, se alcanzaban a observar a distancia algunas fincas. Escuchaba el ruido de un río muy cercano. Al girar, se llevó una sorpresa, había varias carpas plásticas, una despensa que parecía un gran mercado. Observaba todo esto y pensaba, este es su campamento. Enard lo sacó de sus pensamientos, se le acercó y le dijo:

—Ingeniero Cañaveral, le vamos a entregar elementos para su estadía: dos pares de medias, dos camisetas, dos pantaloncillos, botas pantaneras y un par de sudaderas. Usted nos va acompañar mientras logramos negociar con su empresa el regreso.

Ricardo sintió un frio intenso, mayor al reinante en el ambiente. Su corazón palpitaba a millón. Pensó en su esposa e hijos, en sus hermanos. Su mente lo transporto a su niñez en Santa Ana, su pueblo. Revivió aquellas historias narradas por sus padres. Recordó cuando su papá le contó lo de su matrimonio con la mamá Margarita. Lo que les tocó vivir…

Todo empezó en una mañana del mes de abril, para ser más exactos el ocho de ese mes. Iluminaba a Santa Ana un sol radiante. Era una antigua ciudad ubicada en el norte del departamento del Valle, con una extensión de 279 km2. A las seis de la mañana, en la iglesia de San Fráncico, el padre Carlos celebró el matrimonio de Margarita y Luis Alberto. Un matrimonio sencillo, con pocos amigos de la pareja.

Dos horas más tarde estaban preparando viaje para la ciudad de Armenia. Todo estaba organizado de antemano. A las diez de la mañana tomaron el vehículo que los conduciría al lugar de destino. Disfrutaron de una carretera en buenas condiciones, un paisaje de un verde esplendoroso. Se filtraba por la ventanilla del vehículo un olor a tierra húmeda, la noche anterior había llovido.

Muy pronto estaban en Armenia, una ciudad con un clima templado muy agradable. Estaban seguros que habían escogido el mejor lugar para disfrutar esos días. Era el ideal para iniciar un camino de amor y unión eterna. Se instalaron en un Hotel situado en el centro de la ciudad.

Luis Alberto al día siguiente, recibió un telegrama de un compañero de trabajo donde le contaba que era tema en la ciudad de Bogotá la absolución del Teniente Jesús María Cortés, acusado de dar muerte al periodista Eudoro Galarza. El exitoso abogado de la Universidad Nacional, Jorge Eliecer Gaitán, ahora jefe único del partido liberal, lo había conseguido. Ante esa información de su compañero, compro el periódico, pero este no decía nada relacionado con la noticia. En una de las páginas se hablaba de un encuentro llamado conferencia Panamericana, también de un Congreso estudiantil paralelo a este evento, con la presencia de un grupo de jóvenes cubanos, delegados de la Universidad de la Habana. Estos jóvenes tenían como misión, ya con entrevista concertada, encontrarse con Gaitán, a quien admiraban. Estaba programada el 9 de abril a las 2 de la tarde. El grupo estaba encabezado por uno de sus líderes más notable: Fidel Castro.

Luis Alberto comentó en voz baja a Margarita: —tantas cosas que suceden en la capital, esto de Gaitán es muy bueno. Quizá es uno de los abogados más grandes del país, un líder indiscutible, ojalá también sea nuestro presidente, seguro que las cosas en Colombia serian distintas—, Margarita asintió con la cabeza. Transcurrió la mañana. Pasadas las tres de la tarde cuando caminaban por las calles de una población cercana se enteraron de la muerte del líder liberal.

Un joven obrero de la construcción llamado Juan Carlos Roa Sierra, lo había hecho. La noticia decía que Gaitán salía de su oficina, ubicada en el cuarto piso del edificio Agustín Nieto en la ciudad de Bogotá, a eso de la una y cinco de la tarde, un joven se le acercó, le propino tres tiros provenientes de un viejo revólver. Gaitán después de haber sido llevado al Hospital, debido a la gravedad de sus lesiones, había fallecido.

Para Colombia lo que sucedió después fue terrible. En las ciudades a raíz de la muerte de Gaitán, posible Presidente de Colombia, se acrecentó la violencia. Luis Alberto y Margarita tuvieron que refugiarse en una iglesia cercana a donde se hallaban para librarse del vandalismo que se generó. Sentían miedo por alguna bala perdida que los pudiera alcanzar. A eso de la ocho de la noche llegaron al hotel, solo allí pudieron estar tranquilos de la inquietud reinante en las calles. No pudieron dormir, el miedo y la angustia por el regreso a Santa Ana era la causa.

Gracias a un amigo lograron salir de Armenia a las ocho de la mañana del día siguiente. Sorteando retenes y congestión de vehículos, pudieron regresar sin ningún inconveniente a su ciudad de origen.

En Bogotá, desde el mismo momento de los disparos a Gaitán, la gente que observó el atentado, cogieron al joven Roa Sierra y lo lincharon, su cadáver casi desnudo fue arrastrado por la calle séptima de Bogotá. Se activó una revuelta que se conoció con el nombre del Bogotazo. La zozobra se apoderó de Bogotá y Colombia en los días siguientes. La muerte de Gaitán marco el inicio del enfrentamiento entre conservadores conocidos como godos y los Liberales llamados Cachiporros

Esta violencia que se desencadeno en Colombia, no fue ajena para Luis Alberto y Margarita, como para muchas familias en Colombia. Los colores de los partidos políticos y sus protagonistas eran la razón. En un país con un alto porcentaje de analfabetismo, donde los políticos de turno que no les interesaba que la población estudiara, aprovechaban con su discurso embelesar a las gentes. Así los encaminaban a cometer actos indebidos, revestidos por ese color político. Esto era en realidad la conjugación de violencias: social, económica, política y religiosa, unidas e impulsadas por el Gobierno del momento. El gobierno estaba a cargo del partido conservador, el Doctor Mariano Ospina Pérez.

En medio de este clima político, los días de ese año 1948, fueron pasando, nuestra pareja vivía en una casa ubicada en un barrio llamado el Bosque. Esta tenía nueve metros de frente, sócalo café, pared de bahareque color blanco, puerta de madera de dos naves y dos ventanales. Para acceder a ella un pasillo, al final de este se abría un corredor, amplias habitaciones, un jardín central, la cocina al final. El patio de una longitud de sesenta metros, con grandes árboles y plantas de toda variedad: limoneros, carambolo, mango, cereza, guayabas blanca y coronilla, granadas, guamas, guanábano, mamoncillo, brevas, anón, Chirimoya. Además, plantas medicinales: sauco, limoncillo, árnica, yerbabuena.
Un árbol cuya esbeltez llamaba la atención por sus flores moradas durante una época del año, el gualanday. También un ocobo que florecía en los meses de marzo a junio y el de amancayo de flores blancas que a manera de ramillete engalanaban el patio. Margarita quien aún tenía la compañía de su mamá Mercedes y su hermano Joaquín, mostraba una incipiente barriguita. Estaba en embarazo.

Los meses transcurrían de manera rápida. Pronto llegó el nuevo año 1949.Todos a la expectativa por la cercanía del nacimiento del bebe. Las cosas se dieron como estaban programadas. El miércoles 19 de enero a las once y cincuenta de la mañana, nació su primogénito, el cual registraron con el nombre de Jaime.

La llegada del niño, fue algo maravilloso. Los vecinos del barrio el Bosque manifestaron su felicidad, visitando a Luis Alberto y Margarita para conocer al nuevo miembro de la familia Cañaveral.

Estas familias vecinas eran muy unidas, para los Cañaveral, los más cercanos eran los Guapacha Zapata, familia conformada por cinco personas: Tulia, Miguel, y sus tres hijos. Tulia, señora investida de buenos valores, amable, servicial, que estaba siempre pendiente de Margarita y su primogénito. Los Castillo, familia conformada por Jorge, Mercedes y sus hijos Jorge, Marcos, Bernardo, Germán, Carlos.

Luis Alberto trabajaba como Director de Tránsito Municipal, Margarita realizaba labores de modistería. De esa manera su vida transcurría normalmente.

Jaime, tenía tres meses, cuando Margarita de nuevo quedó en embarazo. Querían tener dos hijos, ahora buscaban la niña. Que mejor compañía para Jaime. El viernes 6 de enero del año siguiente, a las siete cuarenta y cinco de la noche, los Reyes Magos trajeron a Mela. La niña vendría a ser el complemento del amor de esta pareja de esposos.

Las ciudades de Colombia se hallaban en una relativa calma, a pesar que el ambiente político era candente. Se acercaban nuevas elecciones. Cierto día durante una de las manifestaciones del Candidato liberal Darío Echandía, la policía la disolvió, hubo disparos, los tiros mataron a varios acompañantes del candidato entre ellos a su hermano. Esto obligo a los liberales a retirarse de la competencia electoral por falta de garantías. Se celebraron las elecciones y ganó Laureano Gómez, único candidato. Laureano Gómez había sido embajador de Colombia en Berlín. Allí aprendió a congeniar con el fascismo. A su llegada al gobierno recibió el respaldo de la iglesia. El estado de sitio se volvió el apoyo del gobierno, ante una guerra civil no declarada que se desató en el país.

Se creó una policía política (la Popol), el SIC (Departamento de seguridad). Ya se había establecido en Bogotá durante el mandato de Mariano Ospina Pérez, un grupo de policías que actuaban de manera paralela a la oficial: los Chulavitas (Originarios del departamento de Boyacá). Estos se complementaban con los aplanchadores del departamento de Antioquia y los pájaros (Carros fantasmas) en los departamentos del Valle del Cauca y Caldas. Los pájaros recibían dinero para realizar sus delitos, su servicio era solicitado por empleados de empresas del Estado o de directorios políticos, quienes eran sus autores intelectuales. Eran crueles y sanguinarios, mutilaban a sus víctimas. Entregaban partes de su víctima o víctimas, de esa forma demostraban que habían cumplido con lo solicitado.

Fue la época donde se hablaba del corte de franela, asesinatos de familias enteras, de niños y fetos en el vientre de la madre Todos estos personajes al servicio del partido de turno y no del estado.

Ante esto los liberales empezaron a buscar alternativas para su seguridad. En Colombia desde el año 1946 la lista de muertes era muy larga y en Santa Ana no era le excepción.

En febrero de 1950 mataron a Ricardo, uno de los hermanos de Luis Alberto. Lo hirieron en una población cercana y alcanzó llegar a Santa Ana. En el Hospital de esta ciudad falleció. Esto fue un duro golpe para la familia, pero lo que no sospechaba Luis Alberto es que en la lista de personas que iban a ser desaparecidas estaba incluido, solo por el hecho de ser hermano de Ricardo y por su ideología liberal.

Una noche del mes de agosto de ese año, cuando regresaba de cine a eso de las 11 de la noche, a unos 50 metros de su casa lo estaban esperando. Alberto venía acompañado de dos vecinos, lograron avisarle, el corrió, la puerta de la casa mantenía sin seguro y así logró entrar y salvar su vida. A partir de ese día, Luis Alberto no pudo volver a salir a la calle, ni trabajar por un largo tiempo, al punto que Tulia y Joaquín, hermano de Margarita, quien trabajaba en Pereira y en ocasiones se quedaba en la casa, se volvieron los ángeles de la guarda de la familia Cañaveral Gutiérrez.

Por eso nunca faltó el alimento, ni las cosas necesarias. Mercedes la mamá de Margarita también hacia un aporte muy grande, preparaba y vendía dulce de arequipe, natilla, dulce de leche cortado, dulce de brevas etc. Manjares deliciosos para un paladar exquisito.

Jaime y Mela estaban creciendo en medio de un ambiente familiar a pesar de los inconvenientes.

Luis Alberto después de tres años pudo retomar sus actividades en el Tránsito Municipal. Margarita dedicada por completo a la modistería. Su mamá Mercedes le había regalado una máquina de coser y su clientela estaba en crecimiento. Tulia, tenía otro hijo que ya contaba con un año, su nombre: Héctor Darío.

Santa Ana era un pueblo en su mayoría de población liberal. En medio de ciudades vecinas de filiación conservadora(Godos). Esto hacia que los pobladores del Bosque, sintieran cierto temor por lo que pudiera pasar, ocasionado por el tenso clima político ofrecido por las ciudades vecinas. Se escuchaba el rumor que iban a quemar el barrio completo. Era una angustia continua.

A mediados del 1952, Laureano Gómez se retiró de la presidencia, argumentando razones de salud, lo reemplazo Roberto Urdaneta. Este continuó la persecución hacia el partido opuesto. Por estos días la lucha interpartidista arreció, debido a motines ocasionados por la muerte de unos policías y que se concretó con el incendio de las sedes de los periódicos liberales como el Tiempo y el Espectador, las residencias de Alfonso López, hijo de Alfonso López Pumarejo expresidente de Colombia y la del jefe del partido liberal Carlos lleras Restrepo. Estos debieron salir del país y buscar exilio.

A pesar de lo que sucedía en el entorno, el Bosque fue creciendo en número de familias. Ahora estaban además de los Guapacha Zapata y los Castillo, los Polos (Apolonides Marín, esposa, hijos), los García (Roberto, esposa, hijos), los Bermúdez (Arturo, esposa, hijos), los Rodríguez (Jaime, esposa, hijos).

Estar en ese Barrio para los niños Cañaveral era maravilloso. Se compartía con los vecinos, siempre estaban rodeados de estos amigos, lo cual les permitía disfrutar de los juegos de aquella época. Las navidades eran lo mejor, se cantaban y rezaban las novenas en las diferentes casas. La expectativa por la llegada del niño Dios. La ansiedad era la compañera inseparable.

Se contaban los días por el esperado nacimiento del Mesías. Esta navidad tenía un atractivo para los niños Cañaveral, el dos de diciembre de ese 1954 había nacido su hermanito. Desde que su mamá quedó embarazada y comenzó a notarse en su figura, Jaime y Mela le tocaban la barriguita, querían sentir el niño o niña que venía en camino. Un día, un vecino —le dijo a Margarita, —Por la forma que tiene tu estómago, vas a tener un niño. El presagio se cumplió. Una razón para estar contentos en esta navidad, nueva compañía que disfrutar.

Jaime ya tenía cinco años, Mela cuatro. Rodeaban todo el tiempo a Ricardo su hermano. Cuenta Mela que el día del parto, ella y su papá Luis Alberto estaban afuera esperando por el nacimiento. Ese día jueves, cuando el reloj daba las tres y media de la tarde se escuchó un ruido como de un gato gimiendo. Ella se asustó, su papá —le dijo: no es un gato, es el llanto de tu hermanito que ha nacido. Ese momento generó risas y alegría al mismo tiempo.

Pasada la Navidad, en las calles los vecinos preparaban un muñeco inmenso, tenía la cara de un anciano, o de un personaje de la época, se veía robusto, lo llenaban con pólvora.

¿Los niños inquietos preguntaban —Qué van hacer con ese muñeco? Su expectativa crecía, porque la respuesta no se daba.

Pasaron rápido los días, llegó el esperado treinta y uno de diciembre, las señoras conseguían los elementos para preparar la cena, los señores sentados en las salas de las casas tomaban cerveza y aguardiente amarillo. Así transcurrían las horas, mientras los niños jugaban. Todos esperaban las doce de la noche, momento en el que una voz salida de un radio indicaba que era el momento de despedir el año. Cada familia se confundía en un abrazo, salían a las puertas de sus casas, recibían a sus vecinos con esa manifestación de alegría por el año 1955 que empezaba, mientras el muñeco explotaba y se quemaba. Un nuevo año, cuyos días fueron transcurriendo y cada uno en sus quehaceres, Luis Alberto continuaba en su trabajo en el Transito, Margarita dividía su tiempo entre la modistería y el cuidado de sus hijos, Joaquín era el encargado de la distribución de encomiendas y remesas para Scadta, Sociedad Colombo Alemana de transporte aéreo, empresa de aviación ubicada en la ciudad de Pereira.

La abuela Mercedes presentaba problemas del corazón. De esto no pudo recuperarse, el trece de agosto se despidió de este mundo, dejando a Margarita y a su hermano sumidos en la más inmensa tristeza. Les costó reponerse. Margarita se refugió en el cuidado de su inquieto bebe y en amor de sus otros niños y esposo.

Llegó el día en que Jaime comenzó a estudiar su primer año en el Colegio José Francisco Pereira, ubicado a cuatro cuadras de la casa y Mela al año siguiente en el Colegio Santa Juana de Arco. Margarita siempre acompañada de Ricardo, el cual en lugar de caminar ya corría por toda la casa. Había que estar muy pendiente de él porque no se quedaba quieto.

El 10 de mayo de 1957, las calles de la ciudad se llenaron de gente, era una celebración desbordante. Estaban manifestando su alegría por la renuncia del General Gustavo Rojas Pinilla, su gobierno llegaba a término, después de un acuerdo con la Junta militar que lo sucedió. Marina quien acompañaba en las labores de la casa a Margarita escucho la algarabía. Se asomó a la puerta con el niño Ricardo para observar la multitud que pasaba. En el menor descuido Ricardo cogió camino con los manifestantes. Margarita al enterarse que su hijo se había perdido salió a buscarlo. Caminó desesperada en medio de la gente, fue infructuosa su búsqueda, no pudo encontrarlo. Ricardo ya había recorrido tres cuadras, Jaime que en ese momento venía del Colegio, gracias a uno de sus compañeros de estudio que reconoció a su hermanito, pudieron recogerlo y traerlo de regreso a casa. Margarita en medio de su angustia y llanto dio gracias a Dios por tener de nuevo a su niño.

Los niños estudiaban de ocho a doce y por la tarde desde las dos hasta las cinco. Por la noche en compañía de Margarita hacían las tareas.

Los fines de semana todos tenían permiso, se encontraban y jugaban en las calles polvorientas del barrio o en los patios o solares de las casas. Las niñas a las muñecas, la rayuela, la silla, gallinita ciega, saltar soga, piedra papel y tijera. Los niños a escondite, trompo, policías y ladrones, la lleva y futbol. Así pasaban los días entre estudio, juegos y las tareas de la casa en las cuales la mamá era quien ponía las condiciones. Ella era la que daba los permisos para salir a jugar con los amigos y amiguitas.

No faltaba tampoco el amigo mayor que contaba historias y leyendas de terror. Estas narraciones se hacían en la noche, en los portones de las casas, todos sentados al rededor del cuentero. Se hablaba de la patasola, la madre monte, las brujas, los fantasmas, la llorona, el duende. Nadie se movía del sitio hasta que todos se despidieran para ir acompañados a dormir. Estas leyendas generaban miedo.

A principios de 1962, había otra novedad en el barrio, Don Apolónides Marín llamado cariñosamente Don Polo, quien tenía una panadería montada con todas las de la ley en el Bosque, compró un televisor, marca philco de 24 pulgadas, era el ideal para el entretenimiento de la familia. Los niños vecinos, se sentaban en el suelo, observaban el programa de televisión colombiana: Yo y Tu y series como Bonanza, el Santo.

En Santa Ana se creó la Diócesis y llegó el primer obispo, este fundó un Colegio Diocesano. Allí entro a estudiar Ricardo su segundo año de primaria, formó parte del coro del Colegio lo cual le permitió ser exento de mensualidad. Estuvo dos años allí, el cuarto y quinto de primaria los hizo en el Colegio José Francisco Pereira. Ya tenía 11 años y estaba listo para empezar su bachillerato.

Llegó a un Colegio grande, el Académico, allí Jaime su hermano cursaba quinto de bachillerato, Mela continuaba en el Santa Juana de Arco en cuarto de bachillerato.

En segundo año de bachillerato, Ricardo ocupo el segundo puesto en su grupo y el premio era estar exento de mensualidad. Que mejor regalo para Luis Alberto y Margarita, cuando ese mismo año Jaime obtuvo su grado de bachillerato y Mela el de normalista superior.

Luis Alberto ya trabajaba en Santa Ana en Obras Públicas. Manejaba una volqueta y por las noches en uno de los teatros de la ciudad. Margarita dedicada por completo a la modistería.

Pasaron pronto los años y el nueve de agosto de 1972, Ricardo se graduó como bachiller en el grupo 6° A. El día de su grado comentó a sus familiares: —"Estos años han sido únicos, la unión entre compañeros estoy seguro, no la volveremos a encontrar. Han sido como una familia que se ha compenetrado tanto, que es posible con el paso de los años nos volvamos a ver. Por eso a la primera cita allí estaremos".

Luis Alberto

Margarita

2. FACTORES POLITICOS Y RELIGIOSOS DE 1946 A 1970

Durante el gobierno de Alfonso López Pumarejo y a través de su reforma constitucional validada por el acto legislativo 01 de 1936 el partido liberal, había determinado un modelo a seguir donde se hablaba de la libertad de cultos, el matrimonio civil y el divorcio, temas que la iglesia católica consideraba por fuera de sus preceptos y cercanas al comunismo y protestantismo. El clero pensaba que el objetivo del partido liberal era quitarle a la iglesia católica su participación en la sociedad colombiana.

A la llegada de los conservadores al poder en el año 1946, la iglesia consideró esto como la oportunidad para que la sociedad colombiana volviera a la Cristiandad, de tal manera que reclamó al gobierno ocupar de nuevo su posición. La violencia política de los dos partidos entre 1946 y 1953 tuvo una influencia muy directa de la iglesia católica.

Habíamos dicho que el general Rojas Pinilla había renunciado, entregado su Gobierno a una Junta militar compuesta por los mayores generales Gabriel París, Deogracias Fonseca y otros. El gobierno del General estaba en crisis.

Desde 1956 los partidos tradicionales al darse cuenta que el general estaba creando un nuevo partido, un nuevo movimiento político que aspiraba colocarse por encima de ellos, que buscaría la reelección en el periodo siguiente (1958 a 1962), manifestaron ese malestar entre sus dirigentes que a su vez lo transmitieron a la población. La situación económica del país no era la mejor. La influencia de la iglesia, la mala relación con el partido conservador, sector opuesto al del gobierno, desencadenó una serie de actos, para que entre el 6 y el 9 de mayo de 1957 se produjera en Colombia una movilización a gran escala. Los periódicos dejaron de circular, se cerraron los Bancos por tres días, los negocios entraron en huelga, lo mismo que la industria tanto en Medellín como en Bogotá, manifestaciones de estudiantes en ciudades como Bogotá, Medellín y Cali, al punto que los altos mandos militares y unos dirigentes de un frente civil, el 10 de mayo en horas de la madrugada, le pidieron la renuncia al General.

El 31 de diciembre de 1957 se dio inicio al Frente nacional. Un pacto político entre partidos liberal y conservador de Colombia, que consistía en alternar la presidencia cada cuatro años. Como resultado de un plebiscito se definió que las corporaciones públicas serian paritarias entre liberales y conservadores. Se distribuyeron los ministerios. A la nación se le vendió la idea que esta era la única manera de reorganizar el país después de la dictadura.

Efectivamente el frente Nacional marcó el fin de la violencia bipartidista reinante en el país, la cual ya había cobrado cerca doscientos mil muertos y un millón de desplazados. Se logró la desmovilización de guerrillas liberales encabezadas por Guadalupe Salcedo y Dumar Aljure, creadas para combatir el ataque de la violencia conservadora. Guadalupe Salcedo entregó las armas en 1953 y el 6 de junio de 1957 fue asesinado.

El primer gobierno Liberal le correspondió a Alberto Lleras Camargo entre 1958 y 1962, lo siguió el conservador Guillermo León Valencia.

Guillermo León Valencia al asumir la presidencia de la República, tenía un claro propósito, continuar con la pacificación del país. Por esa razón a los dos años de su gobierno, emprendió la operación militar llamada operación Soberanía, en la región de Marquetalia, Planadas en el departamento del Tolima. Eran tierras de grandes latifundios que los campesinos habían organizado.

Los grandes latifundistas quisieron expropiarlos, pero no comprándolas sino a través de la fuerza para hacerles abandonar sus tierras.

Los campesinos se agruparon para defender sus parcelas. En la Cámara y Senado se formó un debate por el surgimiento de las llamadas Repúblicas Independientes. El partido de Gobierno sostuvo que estas Repúblicas tenían sus propias leyes y no acataban las decisiones del Gobierno Nacional, por lo tanto, era necesario acabar con esas agrupaciones. En Colombia, en esa época igual que Marquetalia, había otras regiones organizadas y conducidas por el movimiento campesino: Rio chiquito, Pato, Guayabero y otros puntos.

El gobierno ya había hecho varios intentos de combatirlas y su resultado no era el mejor. Por eso se decidió que Marquetalia era el primer paso para acabar con esos grupos. Dieron inicio a la operación, pero a pesar de la información que se daba a conocer, indicando que Marquetalia estaba quedando libre de los llamados "bandoleros", a pesar de los bombardeos, del número de bajas reportadas por las autoridades, de la destrucción de campamentos, se comprobó con el tiempo que muchos de ellos pudieron escapar. Se reorganizaron después bajo el mando de Pedro Antonio Guarín, más conocido como Manuel Marulanda Vélez, alias tiro fijo y Luis Alberto Morantes, alias Jacobo Arenas quienes en 1964 fundaron las Fuerzas Armadas Revolucionarias de Colombia, FARC.

En otras zonas del país, como en el departamento de Santander, estudiantes motivados por la revolución cubana y algunos de formaciones religiosas fueron organizándose. Varios de estos jóvenes, algunos que habían estado en Cuba cuando la invasión a Bahía Cochinos, decidieron crear el grupo pro - liberación de Colombia: "José Antonio Galán". La integraban: Fabio Vásquez Castaño, Ricardo Lara Parada, Víctor Medina Morón, unidos con otros compañeros que no estaban en Cuba como Manuel Vásquez Castaño y Jaime Arenas entre otros. Es Fabio Vásquez Castaño quien, a finales de 1963, asume la tarea de organizar un equipo de campesinos que estuvieran dispuestos y capacitados para iniciar la vida guerrillera. Envió a unos de ellos a la Habana para que conocieran de cerca la revolución.

El siete de enero de 1965 en compañía de Víctor Medina Morón tomaron la decisión de realizar la primera incursión armada. Invadieron Simacota, municipio ubicado en el Departamento de Santander. La población contaba con unas instalaciones de la Caja Agraria. Al apoderarse del dinero de allí les permitiría contar con una mejor situación económica. Además de la Caja Agraria, había almacenes de víveres, droguerías y una estación de policía con cinco agentes. Después de dar muerte a los policías se tomaron la población. Posteriormente Fabio Vásquez y Víctor Medina Morón anunciaron a través de un manifiesto su presencia en la zona, esto marcaba en la Historia de Colombia el inicio del grupo llamado ELN, Ejército de Liberación Nacional. Organización altamente ideológica, Marxista leninista con la teología de la liberación, independiente del partido comunista. Algunos de sus integrantes eran estudiantes de la Universidad Industrial de Santander, otros provenientes de la Iglesia católica como el padre Camilo Torres, quien murió en un enfrentamiento el 15 de febrero de 1966, acción que genero cierta diferencia entre Vásquez Castaño y Medina Morón. Víctor medina sostenía que Camilo Torres nunca debió llegar a las armas y quedarse en la ciudad. También formaron parte del ELN Manuel Pérez "el Cura", el padre Domingo Laín, venidos de España, y un joven de nombre Nicolás Rodríguez Bautista, "Gabino"

El ELN de una fuerte ideología, por encima de todo, para recuperarse de una crisis económica de los años setenta, recurrieron al uso de métodos que en algún momento habían criticado. Empezaron a utilizar el secuestro lo cual se volvió su mejor ingreso. Su cercanía a Venezuela y a las petroleras colombianas, les permitió secuestrar ganaderos en territorio venezolano, a bombardear oleoductos para cobrar impuestos de guerra a las mismas petroleras. Un tiempo después también empezaron cobrar otro tipo de impuestos a los cultivadores de coca y marihuana.

El domingo 19 de abril de 1970 Colombia tuvo elecciones para la presidencia, una participación de 3.994.100 votantes. Los resultados entregados al día siguiente daban ganador con el 41.2% a Misael Pastrana Borrero (Partido Conservador) y con el 39.6% por Gustavo Rojas Pinilla (Alianza Nacional Popular, Anapo) como candidato perdedor.

La noche anterior las emisoras daban ventaja y posible ganador a Gustavo Rojas Pinilla. La emisión de los resultados fue suspendida. El triunfo de Pastrana al día siguiente genero protestas y denuncias de fraude ante la prensa nacional y extranjera por parte de María Eugenia Rojas, hija del candidato y los seguidores del partido Anapo.

Cuatro años después, el 17 de enero de 1974, al mando de Álvaro Fayad Delgado sustrajeron de la casa - Museo Quinta de Bolívar, en la ciudad de Bogotá una de las espadas de Simón Bolívar, acto con el cual dieron inicio a las actividades del M-19, grupo que por medio de pautas publicitarias en los periódicos más importantes de Bogotá había anunciado su llegada. Nadie tenía idea de que se trataba.

Este grupo surgía entonces como protesta por las irregularidades en las elecciones presidenciales del 19 de abril de 1970, su accionar fue como guerrilla Urbana.

3. EL CAMINO CON MUCHOS TROPIEZOS

Ricardo no tenía claro si seguiría estudiando. Los primeros seis meses después de su grado estuvo realizando entrevistas de trabajo. Estaba pendiente de una posibilidad en la Caja Agraria. El tiempo pasaba y no tenía respuesta. Esto lo tenía inquieto.

Una noche un compañero de estudio de Jaime, llamado Antonio, estuvo de visita en la casa de los Cañaveral, al ver a Ricardo muy preocupado, le preguntó que cual era el motivo para estar tan decaído. Este le respondió:

—Ahora estoy llevando hojas de vida, estoy buscando trabajo. Pero no resulta nada. No puedo quedarme sentado aquí mirando para el cielo cuando puedo hacer algo de provecho.

—Entiendo que no te quieras quedar quieto, ¿pero no te gustaría estudiar?

—Sí señor —respondió Ricardo—. Mi plan es trabajar y estudiar. Debo hablar con mi papá primero, todo depende de él.

—Te cuento que hay una Universidad cerca de Santa Ana, la Universidad del Quindío. En su programa estan las carreras de Ingeniería, de pronto te interesa alguna de ellas. No es muy costoso estudiar allí. Se necesita haber presentado los exámenes del Icfes, si tienes buen puntaje estas adentro. ¿Por qué no miras esa posibilidad?

Ricardo se quedó pensando y miraba a Antonio como diciendo, todo es maravilloso y cómo me mantengo allá?

—Voy a llamar a la Universidad para averiguar que necesito —respondió al fin—.

Eran los primeros días del mes de junio, Ricardo había sido aceptado en la Universidad del Quindío. Al presentar sus resultados de las pruebas no tuvo inconveniente. Se disponía a estudiar Ingeniería Civil. Cuando se matriculó había encontrado un excompañero de Bachillerato que llevaba un semestre estudiando precisamente Ingeniería, Ancizar Bedoya. Este le ofreció que fuera a vivir en la casa donde se hospedaba, lugar compartido con otros estudiantes de Santa Ana.

En el primer semestre no tuvo inconveniente, todo salió bien. El segundo no fue el mejor y perdió una materia que le atrasaba el avance en el siguiente semestre. Era la primera vez que le sucedía en la vida. Se desmotivó al punto que tomó la decisión de retirarse de la Universidad. Regresó a Santa Ana. Estuvo un año sin estudiar. Pensó en cambiar de carrera. Luis Alberto al verlo desubicado, le llamó la atención y después de fuerte regaño le insinuó que regresara a Armenia y continuara la Ingeniería. Su papá logró convencerlo. Regresó, aunque no fue el alumno más dedicado, en medio de una cantidad de contratiempos pudo terminar materias e iniciar la tesis, lo cual era requisito para graduarse. Era el mes de febrero del año 1981,

Ese fin de semana Ricardo viajó a santa Ana. Luis Alberto disfrutaba de su jubilación del Municipio. Estaba a la espera de su pensión. Ya no trabajaba en el teatro, tenía setenta y cinco años.

El sábado catorce de febrero Luis Alberto sintió un dolor muy fuerte en el costado izquierdo cerca al estómago. Era tan fuerte el dolor que Ricardo lo acompaño a la clínica. El médico que lo atendió no le vio ningún problema. Le recetó un calmante, lo devolvió para la casa. A las ocho de la noche de ese mismo día, hubo que llevarlo de nuevo. De allí lo remitieron a la ciudad de Pereira. Le practicaron una cirugía de urgencia, una Oclusión intestinal era su problema. La cirugía no tuvo inconveniente, sin embargo, se presentó una infección que pronto se convirtió en septicemia. A los siete días, el 21 de febrero de 1981, Luis Alberto Cañaveral Franco dejó de vivir. Se iba un papá, un amigo, un consejero. Había luchado al lado de mamá Margot, como cariñosamente le decía Ricardo a Margarita. El papá dejaba una gran huella. No fue fácil para ninguno asimilar su muerte. —"Nos ha dejado y yo no le cumplí a cabalidad. Debí aprovechar mejor mi tiempo y terminar antes mi carrera para disfrutarlo más", se reprochaba en voz alta Ricardo.

La pérdida de su papa era temprana. En el momento de la muerte de Luis Alberto, Jaime estaba casado con Raquel Peñaloza y tenían un niño de un mes de nacido, Jaime Andrés. Mela era profesora de español en el Colegio Santa Juana de Arco. También formaba parte de la familia: Esmeralda, la hija de otro hermano de Margarita, el tío Aristóbulo, quien le había pedido a Margarita se la cuidara. La niña terminó quedándose en la casa apenas cumplidos los seis meses. Ya contaba con seis años.

La tristeza los embargaba a todos, la mamá sumida en un silencio y dolor profundo, se había ido su compañero de muchos años. Como decía Ricardo, mamá no dice nada, todo se lo guarda para ella: los dolores, la tristeza, los problemas. Los malos momentos no los deja salir a flote.

Por esta época incursionaba en la política colombiana un personaje llamado Pablo Escobar. Para llegar a la política, aprovechó a las comunidades de bajos recursos de la ciudad de Medellín y realizó obras como "Civismo en marcha" y "Medellín sin tugurios." Se lanzó como candidato suplente a la cámara de representantes y resultó elegido. Esto generó la reacción del Senador Luis Carlos Galán quien conocía antecedentes de Escobar por participación en negocios ilegales. Desde su partido el nuevo Liberalismo lo combatió.

El presidente de la República Belisario Betancourt, representante del Partido conservador, había nombrado Ministro de Justicia a Rodrigo Lara Bonilla, perteneciente al movimiento de Galán.

Ricardo continuaba con su tesis y el 30 de abril de 1982 se graduó como Ingeniero Civil. Mela lo acompañó al acto de graduación en Armenia. Esa misma noche regresaron a Santa Ana, Margot les tenía cena y celebración familiar. El fin de semana Jaime y amigos le dieron continuidad a la fiesta con una reunión que se prolongó hasta altas horas de la noche.

En el mes de mayo Ricardo tomó maletas rumbo Palmira, ciudad a quince minutos de Cali, la capital del Departamento del Valle del Cauca. Tenía trabajo con una empresa constructora, llamada Cosinski y Asociados. El lugar, uno de los Ingenios azucareros.

Gracias a unos primos que vivían en esa ciudad, logró conseguir ese trabajo. Fue recibido en la casa de ellos, Carmen, la madre lo acogió como si fuera uno de sus hijos y compartió días muy agradables como grupo familiar al lado de Libardo, Edgar, Carmenza, Harold. Mejor no podía estar. Este era su primer trabajo, que consistía en ampliación de la planta de producción en el Ingenio azucarero. Le costó amoldarse, poco a poco fue aprendiendo, hasta que se adaptó al ritmo de esa obra, estuvo bien asesorado por los maestros de gran experiencia y el Ingeniero Director, un magnifico maestro.

Pronto fue trasladado a una obra más grande, esta tenía once frentes de trabajo. Se estaba construyendo una fábrica de papel. Lo nombraron Ingeniero Residente en uno de los frentes más pequeños. Combinaba la parte administrativa, programación, manejo de recursos de obra, con la ejecución de la misma. Era compromiso construir un edificio de cuatro pisos. La presión por fechas de entregas parciales era muy alta. La obra la dirigía una Arquitecta de gran experiencia, era la Directora General, apoyada por un Ingeniero Coordinador de frentes.

Cierto día después de llevar allí ocho meses, tuvo un altercado con la Directora. Ella no lo trato de la mejor manera delante de los obreros por no acatar una orden. Ricardo no se aguantó y le respondió:

—Señora usted a mí me trata bien y me respeta. Lo que me está pidiendo es algo que no puedo hacer, no es correcto.

A la Señora no le gusto la respuesta altanera de Ricardo. Esto le costó una cita en la oficina de ella para el día siguiente. Cuando entro en la oficina de la Arquitecta Patricia, nombre la Directora, Ricardo estaba nervioso. Ella le pidió que tomara asiento. Su jefe le dijo:

—Ricardo, usted en un buen Ingeniero, está empezando su carrera profesional, debe dejarse enseñar y acatar las órdenes. Le voy a dar un ejemplo, cuando usted manda a hacer una camisa de tela blanca y la modista le pone los botones de diferentes colores, lo más seguro es que usted rechaza ese trabajo. Mi llamado de atención ayer fue por algo similar —dijo—.

—Así es señora, pero yo no trataría mal a la costurera y usted si lo hizo conmigo, por eso me alteré.

—Entienda que yo soy su jefe, por lo tanto, le puedo llamar la atención —repuso Patricia—. —De acuerdo, pero usted me estaba pidiendo algo que ya había consultado con la Interventoría de obra, yo tenía razón. Patricia al escuchar esto se molestó e hizo un gesto de rechazo. Ricardo al observarla —expresó:

— Arquitecta por lo que veo, esta reunión no va para ninguna parte, nunca nos vamos a poner de acuerdo. Hace varios días maduro la idea de retirarme y creo que es el momento.

—Si ese es su deseo por favor pase la carta de renuncia,
—contestó la Directora.

—Bueno señora, cuente con ello.

Eran los primeros días de agosto de 1983. Ricardo se reunió esa noche con Guillermo, el Ingeniero Coordinador de frentes. Este le preguntó, —¿usted tiene ahorros para mantenerse este resto de año?, Ricardo asintió con un movimiento de cabeza. —Mañana hablamos —le comento Guillermo—. Se despidieron, cada uno salió para su casa.

El Ingeniero Guillermo muy temprano se dirigió a la oficina de la Arquitecta Patricia Giraldo. Cuando estuvo frente a ella le dijo:

—Me enteré por boca del Ingeniero Cañaveral que va a renunciar el día de hoy, debido al trato que recibió de parte tuya. Te aclaro que realizar el trabajo que le pediste en el edificio no es lo más técnico, él tiene la razón. Le he sugerido que efectivamente pase la carta. Quiero comentarte que yo también me voy con él, tampoco soporto, primero el mal trato con mis Ingenieros y segundo que estés manejando las cosas como hasta ahora lo estás haciendo.

Efectivamente, Ricardo y Guillermo pasaron la carta y se retiraron de la obra. El Ingeniero Cañaveral vivía en un apartamento que compartía con dos compañeros de trabajo, Willy Arango y Gilberto Burchart. Al ser propiedad de la empresa se quedó allí hasta finales de agosto. Cuando le entregaron su liquidación viajo de nuevo a Santa Ana, con la idea que Guillermo su exjefe, lo volvería a llamar a finales del mes de diciembre.

Se escuchaba en las noticias que un juez de Medellín por indicación del Ministro Lara en el pasado mes de junio le había pedido a la Cámara de representantes se levantara la inmunidad de Pablo Escobar, por su posible participación en el asesinato de dos agentes del Das, Departamento Administrativo de Seguridad. Al dictarse la orden de captura, no se había podido hacer efectiva porque su inmunidad no había sido levantada aún. El dos de diciembre, Ricardo cumplía veintinueve años. Estaba Recostado en una silla después de un almuerzo preparado por Margot, cuando se escuchó una fuerte algarabía en la calle, pitos de carros, música a gran volumen. Tocaron a la puerta, la sorpresa fue mayúscula, allí estaban Willy Arango y Gilberto Burchart quienes traían torta, licor, bombas. La idea era celebrar un cumpleaños. Mela llamó a sus compañeras, Jaime a unos amigos, Ricardo a un compañero de estudio Guillermo Sánchez y a Héctor Darío su amigo de infancia. Margot se dispuso a preparar comida para los muchachos. Se prendió la fiesta, esta tenía un atractivo adicional, Guillermo, el exjefe lo citaba para la primera semana de enero, porque ya había trabajo para empezar. Vale la pena decir, para Ricardo, fue una fiesta inolvidable.

En enero de 1984, como se le había indicado, después de su entrevista fue vinculado a la empresa, Conta Limitada. Gracias al Ingeniero Guillermo, volvía a Palmira. Un proyecto que se ejecutaría en consorcio con una empresa de la ciudad de Medellín llamada Concreto S.A. Un contrato por dos años. De nuevo en el Ingenio azucarero, construiría la estructura de la bagacera, una bodega de seis metros de altura. La cual incluía adecuación de patios para colocar el residuo de la caña.

Mientras Ricardo iniciaba sus labores, en el ámbito nacional, Pablo Escobar por recomendación del Senador Alberto Santofimio, se había retirado de la política y desde afuera había dado la orden de matar al Ministro Lara. El 30 de abril de ese año lo consigue.

La muerte del ministro anteriormente descripta, es el inicio de una etapa más de acontecimientos terribles para Colombia.

En noviembre de 1985, un comando del M-19 conformado por treinta y cinco personas entre hombres y mujeres entraron al Palacio de Justicia, comandados por Luis Otero y Andrés Almarales. A través de un documento que llamaron "Demanda Armada" le pedían a la Corte Suprema un juicio público contra el Gobierno del presidente Belisario Betancourt. Lo acusaban de haber violado los acuerdos hechos con la organización un año antes, y por traicionar al país. El alcance del documento contenía cuatro temas: entrega de los recursos naturales, la extradición de colombianos, incumplimiento de la tregua pactada con ellos y violación de derechos humanos. El Gobierno no acepto ningún dialogo a pesar del pedido de los magistrados de la Corte. Veintisiete horas después el saldo trágico mostraba la muerte de más de cien personas entre magistrados, abogados, guerrilleros y empleados.

El presidente Belisario en un discurso después de los hechos se hizo responsable de todo lo sucedido.

En el año 1980, el M19, habían realizado la toma de la embajada de República Dominicana en la cual habían secuestrado a quince diplomáticos de varios países que celebraban la independencia de la República Centroamericana, con un resultado muy diferente a este. Secuestrados y secuestradores salieron rumbo a Cuba donde los rehenes fueron liberados y los captores permanecieron por un tiempo en la Isla.

Ricardo continuó en Palmira hasta finales del año 1986. Cuando terminó el proyecto fue trasladado a la ciudad de Cali. Concreto le pidió a Ricardo y a uno de sus compañeros, el arquitecto Víctor Paipa que se fueran a trabajar con ellos. Este arreglo se dio por un acuerdo con Conta Limitada. Entraron a conformar la nómina del grupo de Ingenieros, Arquitectos y arquitectas de esta empresa. Un grupo de trabajo muy unido, el Gerente Diego Velásquez un amigo de todos.

Concreto, una empresa con un amplio bagaje a nivel nacional. Gracias a Conta Limitada entraba en la ciudad de Cali. Tenía proyectos de vivienda por construir en el Occidente de la ciudad, bodegas en el norte de la misma y en Buga. Ricardo se estrenó como director de obra en esas bodegas.

El trabajo se multiplicó, obras con el Municipio de Cali: vías, puentes, edificios, centros comerciales, trabajos en la planta de cementos del Valle. Ricardo se había convertido en un Director de Proyectos.

En los primeros días del 1987, Diego Velásquez llamó a Ricardo a su oficina, le tenía trabajo en la ciudad de Tumaco, zona costera en la frontera con el Ecuador. Las empresas productoras de Chocolate construirían una bodega de acopio de cacao, ello incluía oficinas para el administrador. Era necesario empezar ese trabajo cuanto antes, por eso Ricardo viajó a la siguiente semana. El vuelo se realizaba en un avión pequeño twin otter (19 pasajeros), que una vez salía de Cali, en la zona de los farallones, por lo fuertes vientos que se generaban, éste se volvía un completo suplicio. El pequeño aparato, parecía se fuera a caer, se movía de un lado para otro cual veleta azotada por el viento.

Ricardo en esta travesía estaba acompañado de un maestro de gran experiencia, cinco obreros calificados, un administrador y un almacenista.

La estructura de la bodega se adelantó sin inconveniente. Durante el proceso de la construcción de las oficinas del administrador, cuando se adelantaban los muros de mampostería, uno de los contratistas para bajarse del andamio y poderlo correr, soltó su cinturón de seguridad, un tablón se movió, perdió el equilibrio y cayó sentado en el piso desde una altura de cuatro metros. Le ocasionó rotura de sus vértebras cervicales y traumatismos internos. Se llevó de urgencia al Hospital regional de Tumaco, allí no pudieron atenderlo como se debía. Se consiguió avión ese mismo día en la tarde para la Ciudad de Cali. En el momento del traslado al aeropuerto el contratista murió.

Hubo una investigación por el accidente y muerte del obrero. Este contaba con su seguro respectivo y al momento del accidente cumplía con las normas de seguridad establecida en la obra. Por ese lado la empresa no sería sancionada, sin embargo, Concreto se ocupó del traslado del cuerpo a la ciudad de origen, corrió con los gastos de entierro. Ricardo entregó personalmente el féretro a sus familiares en la ciudad de Pasto.

Ricardo cada mes se desplazaba a la ciudad de Cali. Los viernes se presentaba en la oficina y allí realizaba algunos informes. Descansaba de sábado a martes, que era cuando abordaba de nuevo el vuelo de la angustia. En uno de sus viajes a Cali se encontró en la oficina a la contadora General de la empresa, quien se encontraba realizando auditoria a esta sucursal. Le tocó reunirse con ella, comentarle sobre algunas inquietudes relacionadas con el manejo administrativo de la obra, todo fue muy cordial.

Un mes después, a su regreso a Cali, se alegró al encontrarse de nuevo con Glenda, así se llamaba la Contadora. Durante el almuerzo se hablaba de la presentación de Oscar de León y su orquesta en uno de los bailaderos del norte de la ciudad. Se programó ir al lugar. Esa noche Ricardo se puso sus galas y se fue a bailar con Glenda y compañeros.

Fue una noche maravillosa, la compañía ni se diga, expreso algún día Ricardo.

Al día siguiente viajó a santa Ana, Glenda lo acompañó. Ella tenía familiares en una ciudad vecina, aprovecharon este viaje para conocerse un poco más. Al despedirse acordaron volverse a ver.
Cada mes, Glenda viajaba a Cali, buscaba que le coincidiera con los fines de mes. Se encontraban allí y disfrutaban ese fin de semana. Así creció esta relación. Cualquier oportunidad de estar juntos la aprovechaban.
En diciembre de ese año Ricardo viajó a Medellín para conocer la familia de su novia. Se sentía bien, allí fue bien acogido.

En la segunda semana de enero de 1988, Ricardo se encontraba de regreso a Tumaco. El proyecto en una etapa de avance muy notable, su fecha de entrega final el 27 de mayo. En esos cuatro meses se culminaron las actividades programadas. La inauguración se hizo con la presencia de uno de los ejecutivos de cada empresa promotora, el Ingeniero Diego Velásquez, algunos invitados de la ciudad. Se realizó una fiesta para los obreros. Ricardo regresó a Cali. Tuvo unos días de vacaciones, viajó a Santa Ana. Al llegar a su pueblo natal, se encontró que su mamá Margarita estaba con unos problemas de salud. A ella le habían realizado dos cirugías, una en el año 1964, otra en 1972. De nuevo el colon le pasaba factura, en la última cirugía le habían tenido que cortar cerca de 20 cm de intestino, llevaba dieciséis años sin ningún tipo de complicación, ahora volvía a los mismos malestares. Hubo necesidad de internarla en la clínica en la ciudad de Armenia, le realizaron una nueva cirugía. Los médicos al notar que su recuperación no avanzaba, la trasladaron para Cali. La mamá Margarita no pudo salir adelante. Después de tres meses de sufrimiento, un once de agosto, la bella Margot, aquella mujer de ojos claros, que en su juventud le había robado a más de uno un suspiro, una figura elegante, una mujer que con el paso de los años nunca perdió su gracia, luchadora, buena madre, esposa maravillosa, dejaba de existir. Para sus hijos Jaime, Mela y Ricardo era una pérdida irreparable, ella iría a reunirse con Luis Alberto que ya había partido hacia siete años, quizá la estaba esperando para continuar su camino juntos. El entierro de Margot se realizó el 12 de agosto, familiares, amigos acompañaron a la familia Cañaveral Gutiérrez, Glenda no dejo solo a Ricardo ni un instante.

Glenda y Ricardo continuaron su relación, se alternaban las visitas, todo marchaba sin inconvenientes. A finales del mes de noviembre, en su visita programada, recibió una noticia que no cayó muy bien. A su novia la habían nombrado Directora Administrativa de la empresa a nivel nacional. Ricardo sabía que esto iba a complicar las cosas, no se podría continuar con la rutina establecida. No era posible. Glenda le propuso que se fuera a trabajar a Medellín, ella le conseguiría un traslado. Ricardo no aceptó. Esto marcó el fin de algo que iba por buen camino. Poco a poco la relación se fue enfriando hasta que la comunicación se perdió.

Una mañana Ricardo leía una revista y allí encontraba un artículo donde se relacionaba la cantidad de secuestros a políticos, empresarios, periodistas, civiles, realizados por el M-19 entre los años 1973 Y 1987, una cantidad de quinientos cincuenta y siete. Vale la pena mencionar: el de José Raquel mercado en 1976, presidente de la Confederación de Trabajadores, a quien después de un supuesto plebiscito fue juzgado y entregado muerto en un sitio de la ciudad de Bogotá. Hugo Ferreira Neira Exministro de Agricultura en 1977, Martha Nieves Ochoa, hermana de uno de los integrantes del cartel de Medellín en 1981, Álvaro Gómez Hurtado, político colombiano, hijo del Expresidente Laureano Gómez en 1984.

Transcurría el año 1989, el pueblo colombiano contaba con otro factor de violencia, el narcotráfico. Pablo Escobar había creado el Cartel de Medellín con Gonzalo Rodríguez Gacha, Carlos Lehder y Jorge Luis Ochoa. Tenía el control del negocio de la cocaína, su producción, distribución, con un alto porcentaje a nivel mundial. La red de sicarios era numerosa. Le había dado muerte al precandidato liberal Luis Carlos Galán (18 de agosto de 1989), realizaba actos terroristas con coches bombas, la explosión de avión en pleno vuelo, era responsable de la muerte de cerca de seiscientos cincuenta y siete policías. Había una guerra declarada con el cartel de Cali de los Hermanos Rodríguez, con grupos paramilitares del Magdalena Medio y con los Pepes (grupo que se había separado de Pablo).

Desde finales del año anterior, Concreto había llegado a un acuerdo con una promotora de vivienda para la construcción de un edificio que se llamaría "Peldaños de la Tertulia". El Ingeniero Diego en reunión establecida en la oficina, le comentó a Ricardo: —Tenemos un diseño Arquitectónico y estructural de una empresa Paisa (Termino para identificar a los nacidos en Medellín), vamos a construir un edificio, lo vamos a entregar en obra gris. Quiero que usted haga la estructura. Lo va acompañar en estas labores el Arquitecto Harold Martínez, quien hará la obra gris. Deben empezar de inmediato a ver los planos, organizar programación y todo lo necesario para poner en marcha el proyecto.

La obra empezó a mediados del año 1989, de acuerdo a lo programado. Se efectuaban reuniones mensuales para revisar el avance de misma. La promotora de la obra tenía unas oficinas cercanas al edificio.

Cierto día Ricardo tuvo que ir a la oficina del cliente, lo atendió la asistente del Gerente. Era una joven muy amable, le resolvió las inquietudes relacionadas con aspectos administrativos de la obra. Harold su compañero de obra la conocía, eran amigos, le contó que su nombre era Sara, Ella trabaja con ellos hace algunos años como asistente encargada de los temas administrativos y contables de la oficina, —le comentó

Por cuestiones de trabajo, después de un comité de obra, Ricardo tuvo la necesidad de hablar con Gustavo, el gerente de la promotora, la llamada la contestó Sara, Gustavo no se encontraba, aprovecharon entonces para charlar un rato. En medio de la conversación Ricardo se atrevió a pedirle que se vieran. Ella le dijo que en esos días estaba en exámenes finales de su semestre de Contaduría, que una vez terminara podrían hacerlo.

Después de diez días se encontraron, Se siguieron viendo, los viernes en la noche, los fines de semana salían a comer o a bailar. Así se formalizó la relación. Asistían a fiestas y reuniones con amigos y compañeros de trabajo de ambos. Ricardo ya conocía a la familia de Sara: Mary, Gerardo y sus hermanos Aleyda, Claudia, Alejandro, Leonardo y Johana, la menor. Llegaron nuevos proyectos de construcción y Ricardo distribuía gran parte de su tiempo en ello. Los sábados en la noche compartía con Sara. Una tarde de domingo mientras almorzaban ella le comentó:

—Te cuento que estoy muy preocupada, porque no me ha llegado la menstruación, fui a hacerme la prueba de embarazo. Esta dio positivo. No he podido dormir. Me parece que es muy pronto para tener un hijo,

—¿qué piensas de eso? Ricardo se quedó mudo un instante, tremenda sorpresa. Sentía algo muy extraño y especial. Se conjugaban el miedo y la alegría, al cabo de unos segundos por fin dijo:

—Es la mejor noticia recibida estos días, me parece una bendición de Dios, no te preocupes todo va a salir bien.

—Debemos comentarlo a mi mamá y Gerardo, ¿qué les vamos a decir?

—Nosotros no hemos hablado de Matrimonio. Le podemos decir a tu mamá que la idea nuestra es casarnos —sugirió Ricardo—.

Sara se quedó callada. Al cabo de un instante respondió:

—Si tú crees que lo podemos hacer, intentémoslo, que sea lo que Dios quiera.

A la semana siguiente hablaron con la señora Mary. Ella no se sorprendió por la noticia, solo dijo: —ustedes no necesitan casarse, el niño o la niña será bien recibido, pero, si su decisión es contraer matrimonio adelante—.

En mayo de 1990 cuando Sara tenía dos meses de embrazo contrajeron matrimonio.

La nueva pareja vivía en la casa que Ricardo había alquilado durante su soltería. Allí permanecieron durante el tiempo del embarazo. Llegó el nacimiento del niño, Andrés Felipe, era un dos de diciembre, que mejor regalo de cumpleaños para Ricardo. La llegada de Andrés Felipe, los llenos de alegría, buscaban todo momento fuera del trabajo para compartir y jugar con él.

Así pasaban los meses, Andrés Felipe ya decía sus primeras palabras, había comenzado a caminar. Todo tipo de gesto, movimiento, era una fiesta. La pareja disfrutaba mucho estos instantes. Era un motivo para luchar, seguir adelante. Su hijo estaba creciendo y con buena salud. Ricardo en esos días fue a la oficina para hablar con su jefe, le comentó que su intención era comprar vivienda. ¿Ingeniero Diego que me recomienda?

—Ricardo, nosotros estamos construyendo unas casas en el norte Cali. Son de un buen diseño, dos pisos y garaje, situadas en un buen barrio. Porque no hablas con la arquitecta que maneja el proyecto, que te muestre el modelo, luego pasas por la oficina.

Al día siguiente Ricardo habló con Diana, la Directora de la obra.

Ella le enseñó tres tipos de casas. A Ricardo le gustó una muy bien distribuida en cuanto a los espacios. Diana también le recomendó esa. Inmediatamente salió para donde su jefe y le mostro los detalles de la vivienda escogida. —Ingeniero Diego cuánto cuesta una casa como la que acabo de ver?, ¿qué debo hacer?

—Mire Ricardo, Esas casas yo puedo hacer que te la vendan al costo de construcción, de tal manera que, si te interesa, adelanta el trámite de préstamo ante un Banco. Yo te puedo ayudar con eso. Cuenta que pronto tendrás casa nueva.

El trámite se tomó un mes. La vivienda se la entregaron a los cuarenta cinco días. Los compañeros de Ricardo le propusieron que la inauguración tenía que ser con todas las de la ley. Era necesario hacer una verdadera fiesta. Concreto tenía una orquesta conformada por empleados de la misma, de tal manera que estuvo a su disposición. Como era de las primeras casas que entregaban, el ruido de los compañeros, la música, la algarabía, no fue problema para abrir las puertas de esta nueva vivienda. A la semana siguiente la familia Cañaveral Ruiz estaba ocupando casa nueva.

Mientras Ricardo mantenía su ritmo de trabajo normal, Sara llevaba la contabilidad de unas empresas de transporte. Los días transcurrían sin novedad, el niño Andrés Felipe seguía creciendo.

A mediados del mes de diciembre Concreto hizo su fiesta de fin de año. Un comité la preparaba, incluía alquiler de finca para el evento. No faltaba una buena orquesta, algún invitado especial de la farándula, juegos, comida, regalos, trago. Nadie llevaba su carro, había buses para el transporte. Una verdadera fiesta, que iniciaba a las diez de la mañana y se prolongaba hasta las ocho de la noche. Cuando se terminó, algunos decidieron rematar en algún sitio, Ricardo fue uno de ellos.

A eso de las diez de la noche, Ricardo acompañó en un taxi a una de sus compañeras a la casa, terminó haciendo el amor con ella.

En marzo del siguiente año, cuando se adelantaba la construcción de un edificio llamado Salto de Normandía, durante una visita de obra, Ricardo se encontró con su compañera de la fiesta de diciembre. Ella al verlo, se le acercó — le dijo:

—Hola Ricardo, cómo estas, tengo que hablar contigo.

—Cuéntame —le contestó este—.

—Debo comentarte algo muy importante para mí, expresó ella con mucha naturalidad. — Estoy en embarazo y pienso tener mi hijo.

Para Ricardo, la noticia era como un baldado de agua fría. Su acto de infidelidad se manifestaba de la manera más complicada. Ahora si estaba en problemas y muy serios.

No encontraba como decirle a Sara lo que estaba pasando. Sabía que eso sería un punto de quiebre para la relación. No fue capaz de hacerlo. Pasaron los meses y en el mes de agosto, día diecinueve, nació el segundo hijo de Ricardo. Un niño fuera del matrimonio. El niño no tiene la culpa de esta irresponsabilidad mía, pensó Ricardo.

Después de casi dos meses de haber nacido Juan Sebastián, Ricardo no tuvo más remedio que comentarle a Sara. Su reacción fue la esperada, se derrumbaron los planes establecidos y la relación que llevaba realmente pocos años entró en deterioro, aunque no se terminó, costo mucho recomponerla en un porcentaje, más nunca volvió a ser igual.

Continuaron viviendo en la casa en el norte de la ciudad. Un fin de semana, Ricardo recibió la visita de un señor que andaba buscando comprar vivienda. El señor Elías le comentó que le gustaría ver la de ellos. Ricardo se le mostró. Al final del recorrido, les pidió se la vendieran. Les ofreció una suma tentadora, por encima del costo. La casa se vendió. Se fueron a vivir al sur de Cali en un apartamento.

En Colombia y en Cali se respiraba una relativa calma, tanto el Cartel de Cali, como los Pepes, en unión con el gobierno en cabeza de César Gaviria, habían logrado la muerte de Pablo Escobar, el 2 de diciembre de 1993. Ricardo cumplía treinta y nueve años de edad ese día.

Ricardo recientemente había terminado un puente importante en la red vial de la ciudad. Estaba contento por lo realizado, su vida familiar creía que marchaba bien. Desde el momento del nacimiento de su hijo extra- relación matrimonial, le había dedicado cada momento libre a su esposa e hijo.

Transcurría el mes de marzo de 1998, Diego Velásquez, lo llamó a la oficina y le comentó de una Mini central Eléctrica que se estaba construyendo en el Departamento de Antioquia, cordillera central de Colombia.

—Ricardo, el Ingeniero Director está muy aburrido y asustado, porque es una zona donde convergen las guerrillas de las FARC- EP, ELN y los PARAMILITARES. El hombre no aguanta, necesitamos un Ingeniero para reemplazarlo, pensamos que usted puede ser.

Ricardo lo pensó un momento, Salir de su casa después de lo sucedido no lo veía bueno.

—Ingeniero Diego, mañana le doy una respuesta.

En la noche habló con Sara, ella lo animó a aceptar lo del viaje. Tenía sus atractivos, le pagaban medio sueldo adicional por estar en zona de alto riesgo, transporte mensual en Avión desde Medellín hasta Cali, cuatro días de descanso en la casa.

En la primera semana de abril Ricardo abordó el avión que lo dirigía la ciudad de Medellín, punto de reunión y coordinación del Proyecto para el cual había sido designado.

Vale la pena hacer memoria con respecto a lo que ha venido sucediendo en Colombia, mientras Ricardo preparaba su viaje para Medellín.

En ocho de marzo de 1990 el M-19 después de un proceso de paz, se desmovilizó y entregó las armas, siendo su máximo comandante Carlos Pizarro León Gómez.

El presidente Samper estaba terminando su mandato, tratando de librarse del proceso 8000, producto de las acusaciones presentadas por Andrés Pastrana su rival en las elecciones. Lo culpaba de haber recibido del Cartel de Cali, la suma de 3.7 millones de dólares como financiamiento para la campaña.

Samper hizo todo lo posible para combatir el cartel de Cali, con ello justificaba cualquier acusación relacionada con los dineros recibidos. En el año 1995, con la captura de Miguel y Gilberto Rodríguez, los cuales fueron extraditados a los Estados Unidos, se selló el final de dicho cártel. Fueron acciones del gobierno de Samper: el fortalecimiento de las cooperativas de vigilancia: convivir, creadas en el gobierno de César Gaviria en forma legal (Decreto, ley 136 de 1994). Existían cerca de 500 grupos en 24 departamentos. Dos años después, cuando adquirieron el carácter de ilegales, apareció la unión de paramilitares (AUC), Carlos Castaño a la cabeza con su grupo autodefensas campesinas de Córdoba y Urabá (ACCU), grupo al cual se sumó posteriormente las autodefensas del Magdalena Medio, las de Puerto Boyacá y llanos orientales, tomando luego el nombre de organización federal AUC.

En el transcurso del año 1995, las FARC-EP, el ELN más una facción del EPL, quienes actuaban como Coordinadora Guerrillera Simón Bolívar (Grupo creado desde 1987 para unificar la acción de las organizaciones guerrillera) decidieron actuar por separado.

La coordinadora guerrillera estuvo en su momento conformada por los anteriormente nombrados más el M-19, el PRT (Partido de los trabajadores), el Quintín Lame (Grupo indígena del Departamento del Cauca), los cuales en su momento se desmovilizaron.

En cuanto a el ELN se refiere, desde mediados del año 1997, por la expansión de los grupos paramilitares, estaba mostrando señas de debilitamiento. En cambio, las FARC-EP estaban cada día más fortalecidas con el narcotráfico en el sur del país, su crecimiento era notorio: en la cordillera oriental el bloque oriental con alias Mono Jojoy, bloque sur con Raúl Reyes, Bloque occidental con Alfonso Cano, Bloque Caribe con Martín Caballero, pescas milagrosas (Secuestro) con Alias Romaña.

4. ZONA OSCURA

Estaba Ricardo sentado en las oficinas de Concreto. Para él fue sorpresa encontrar tanta gente en la reunión. Asistían el Gerente a nivel Nacional, el Jefe de Seguridad, un funcionario de la tercera Brigada del Ejército, el Director de Ingeniería y la trabajadora social. Eran las 8 de la mañana. El Ingeniero Máximo, Gerente de Concreto, tomó la palabra y dijo:

—Esta reunión es muy importante para nosotros como empresa. La presencia del Ingeniero Cañaveral y de todos ustedes, es para darle a conocer al Ingeniero los pormenores de la obra en la que se va a desempeñar como Director General. Como todos sabemos está localizada en cercanías de Angostura, población situada en la subregión norte del departamento de Antioquia, zona donde tanto las FARC-EP, el Ejército de Liberación Nacional, ELN y los Paramilitares convergen. El Ingeniero debe conocer cómo actuar y movilizarse en el área, no debe faltar ningún detalle, no queremos que a futuro se presenten cosas que lamentar.

Ricardo escuchaba, a pesar de ser una persona de un carácter fuerte, estaba inquieto. Estas palabras lo estaban alterando un poco. ¿Dónde diablos vengo a meterme? —pensó—. De pronto el afán de demostrarse que era capaz de ejecutar un proyecto diferente a los anteriores lo estaba empujando a vivir una locura.

El Gerente Máximo le cedió la palabra al Jefe de Seguridad, el coronel González, quien, aprovechando las imágenes de un proyector, enseñó un mapa de la zona de la obra, se dirigió al Ingeniero Ricardo y le dijo:
—Ingeniero Cañaveral, esta zona, es de mucho riesgo, es un corredor de

guerrilla y de paramilitares. En una de las poblaciones cercanas llamada Campamento se han presentado ocasionalmente enfrentamientos con el ejército, secuestros de profesionales de la rama de Ingenierías. En las vías cercanas hay continuas pescas milagrosas, (Secuestros ante salidas intempestivas de guerrilla a la carretera), razón por la cual, de acuerdo a recomendaciones del Mayor Sanclemente de la Brigada, usted Ingeniero Ricardo estará en el área acompañado por cuatro escoltas.

Ricardo frunció el ceño, estaba asustado, le daban ganas de salir corriendo, no esperaba esto.

El coronel continuo con su exposición:

—La población de Angostura, sitio donde usted tendrá la residencia está situada a quince kilómetros del campamento de obra, el horario establecido para el ingreso de personal, cuyo transporte lo hacemos en buses es a las siete y treinta de la mañana, el regreso en la tarde a las cinco y treinta. Trabajamos de lunes a sábado, usted será trasportado en un vehículo asignado, dos escoltas lo harán quince minutos antes, de esa manera creemos que minimizamos cualquier riesgo posible. No siempre llegará al campamento a la misma hora y es importante que no se quede en el sitio de trabajo en horas nocturnas.

Por la cabeza de Ricardo confluían cantidad de cosas, se veía en manos de la guerrilla, pensaba en su familia y hermanos. Cuando el jefe de seguridad le preguntó qué opinaba de todo esto, lo encontró absorto en sus pensamientos. Reacciono rápidamente y respondió casi de manera automática:

—Confío que todo este plan de seguridad por ustedes diseñado sea efectivo al punto que podamos trabajar sin inconvenientes y la obra camine dentro del programa establecido.

Con las palabras de Ricardo y un deseo de buena suerte se dio por terminada la reunión.

La trabajadora social lo invitó a conocer las oficinas de la sede. Se encontró con Glenda, su exnovia. De manera jocosa le dijo: —Glenda buenos días, ya estoy aquí en Antioquia, lástima que ya es tarde, ella hizo un gesto de pocos amigos, le pareció un chiste de mal gusto. Charlaron unos minutos, Ricardo se despidió, ella le deseo buena suerte en sus actividades. Después de recibir una documentación relacionada con el proyecto, le presentaron su conductor, le entregaron su vehículo. Después del almuerzo partió para Yarumal, municipio cercano a la obra, localizado a 122 km de la capital. La noche la pasaría allí donde Concreto contaba con una oficina alterna del Proyecto. De Yarumal hasta Angostura, destino de Ricardo, había solo 20 km.

Llegaron a Yarumal a las siete y quince de la noche, por contratiempos en la vía, algunos derrumbes dificultaron su movilización. El frio allí era aterrador, la temperatura del orden de 7°C. Para Ricardo esto era otro factor en contra. Venia de clima caliente, temperaturas por encima de 22° C, apenas se bajó del carro para entrar al hotel donde se quedaría esa noche, lo sintió. Le dijo a Guillermo, su nuevo conductor: —que cosa tan fría este pueblo, esto es una nevera. Guillermo sonrió.

Muy temprano, siete de la mañana, estaban en Angostura. Su calle principal pavimentada y en buen estado, la cual los condujo al parque, con su piso totalmente empedrado. Observó a su derecha la iglesia catedral San José de Angostura con sus hermosos pórticos, en un costado el museo del famoso poeta colombiano Porfirio Barba Jacob, instalaciones de la Alcaldía, tiendas y sitios de esparcimiento. En este pueblo aparentemente se respira mucha calma, pensó Ricardo. Cerca al parque principal estaba ubicada la casa que sería su residencia, era grande, zócalo en placas de granito, el resto de la fachada de color crema, puertas de madera de un azul agua marino.

Se bajó del carro, la puerta estaba abierta, entró saludó a los Ingenieros que apenas se alistaban para salir. Lo estaban esperando, fue el momento de las presentaciones. Acordaron reunirse en la obra. El Ingeniero Director se encontraba en Bogotá, al día siguiente se tenía planeada reunión con él, para realizar el respectivo empalme que se tomaría dos semanas por lo menos.

Ricardo dejó su maleta y se dirigió a la obra, se gastó veinte minutos en llegar. Le mostraron las oficinas, luego se dispuso a conocer el personal administrativo de obra, se sentó para escuchar pormenores del avance de la misma con el Ingeniero encargado del control de la programación. El proyecto llevaba ocho meses de haberse iniciado. Habían tenido unos inconvenientes en su ejecución provocados por el invierno. Esto les ocasionó un atraso mínimo. Según el Ingeniero encargado, este desfase en el tiempo podría superarse, con una programación extra.

Una vez que terminó la reunión le pidió a Guillermo, su conductor, que fueran a recorrer los frentes de trabajo: embalse, desarenador, zona de tuberías y casa de máquinas. Le llamó la atención, el avance de la obra, las cosas se veían muy bien. Se enteró por comentarios de los obreros que el trabajo nocturno se dificultaba por la falta de seguridad ante los factores externos a la obra. En la tarde se reunió con los Ingenieros de los frentes de trabajo, fue algo muy cordial, estuvieron dispuestos a colaborarle en lo que fuera necesario, con la idea de sacar adelante el proyecto.

Una vez en la casa lo ubicaron en una de las habitaciones, estaba cansado, se recostó, filtraba una tenue luz por la ventana hacia el corredor. En la soledad de la noche Ricardo pensaba, bueno esto parece tranquilo, "será que el Director está aburrido" ?, ¿"se ha inventado el tema de la guerrilla para pedir el cambio" ?, cavilando sobre esas cosas se quedó dormido.

El ingeniero Antonio, Director del proyecto, llegó en las horas del mediodía. En el almuerzo con Ricardo le empezó a entregar información relativa a la obra. Le habló del personal de obreros, de que regiones de Colombia procedían. Del personal administrativo, del grupo de ingenieros de cada frente de trabajo, quien era su residente encargado y cuáles sus compromisos de acuerdo al programa establecido.

Estas charlas se prolongaron por dos semanas, alternadas con visitas a los sitios de trabajo, documentación necesaria, reuniones con el encargado administrativo y contable de obra. Se buscaba tener la información necesaria con el fin de recibirla contando con la verificación de costos y balance de lo construido hasta la fecha.

Dos días antes de partir, el Ingeniero Antonio le comentó a Ricardo que, en dos ocasiones, en las noches por la zona del desarenador, algunos obreros que se habían quedado trabajando, observaron el paso de guerrilla. Esto lo inquietaba mucho. Era una de las razones por la cual se retiraba de la obra. Además, su esposa e hijos estaban muy inquietos y preocupados. Esa presión también había contribuido a tomar la decisión de pedir el cambio. Le deseó suerte a Ricardo, le pidió tuviera mucho cuidado.

El proceso constructivo del Proyecto lo alternaba con su adaptación a las costumbres del lugar y a la alimentación. Realizaba Actividades deportivas los fines de semana con algunos compañeros, en una pequeña cancha del coliseo y unas cervezas en un bar de la esquina. Así transcurrían las primera cuatro semanas.

En la última semana del mes de abril, estuvo en Cali tres días, le sirvieron para descansar y organizar cosas pendientes.

Su itinerario de regreso consistía en vuelo a Medellín el lunes en la noche y el martes a primera hora para Angostura. A eso de las diez de la mañana estaba en su sitio de trabajo. En los días siguientes había que cumplir con lo establecido para llegar a ella. En ocasiones estaba a las siete de la mañana, regresaba a las cinco de la tarde, en otras estaba en su oficina a las ocho de la mañana, por la tarde a las cinco y treinta en casa. No faltaban los inconvenientes. Dificultades en el camino, la carretera con algunas pendientes fuertes, sin pavimento, sumado su mal estado. Cuando las lluvias se presentaban, los buses que trasportaban el personal se atascaban y se atravesaban en la vía, ocasionando retrasos en la movilización.

En su tercer viaje a Cali, Ricardo llegó con la misma expectativa que las anteriores, le alegraba poder disfrutar cada instante con Andrés Felipe. En esta ocasión se encontraba Juan Sebastián su hijo menor, quien los fines de semana ya los compartía con Andrés Felipe.

El lunes, en la mañana, Sara durante el desayuno, cuando los niños no estaban, le dijo a Ricardo:

—Andrés Felipe y Juan Sebastián pasan juntos los fines de semana, algunas veces él va donde la mamá de Juan, en otras Juan viene acá. No veo inconveniente. El asunto es que eso, no va a poder hacerse más.

Sara se quedó en silencio un momento, Ricardo la escuchaba sorprendido. Sara continuó:

—Estos dos meses que has estado ausente, me han servido para tomar una decisión. No quiero continuar con nuestra relación. Si es necesario en tus días descanso envío a Andrés Felipe a Medellín para que compartas allá con él. inclusive así tendrán un poco más de tiempo para estar juntos.

Ricardo no creía lo que estaba escuchando. —Pensó: "ella ha aceptado todo lo sucedido, pero no lo ha superado, esto no es bueno, hay inconvenientes. Mi afán por resarcir en parte los errores cometidos, la dedicación por completo a mi familia, mi creencia que las cosas

estaban marchando bien, todo ha sido en vano". Se había vuelto a equivocar, se reprochaba el haber aceptado ese trabajo afuera.
Al fin preguntó: —Cuál es ahora la causa para pedirme esto?
Sara, sin pensarlo un momento, expresó:

—No he podido recupérame de lo sucedido con el nacimiento de tu otro hijo y pienso que es el momento de intentar quedarme sola un tiempo y ver si esto definitivamente va a funcionar a futuro para nosotros.

Hubo un rato de silencio, Ricardo, frunció el ceño, se levantó de la mesa y camino a la alcoba, dijo entre dientes:

—Mal momento para esta decisión, pero al parecer no la puedo cambiar. Lástima, pensé que las cosas para nosotros estaban mejorando.

Arregló maletas se despidió de sus hijos y se marchó.

En Angostura en ese mes de junio, en la segunda semana, tuvo vista de su jefe de Medellín. Recorrieron el proyecto, revisaron la programación, se definieron algunos temas pendientes, relacionados con equipos necesarios que había que comprar. El ambiente de trabajo era optimo y la tranquilidad que se respiraba en la obra era un buen augurio para continuar avanzando en el cronograma de trabajo. El Gerente se fue contento y esto para Ricardo era bueno.

Ese fin de semana los compañeros lo invitaron a Yarumal, se fueron para una discoteca. La idea era disipar esa tristeza que lo embargaba. La algarabía, la música y el desorden reinante en el sitio, fue una terapia para el mal momento.

En las dos semanas siguientes el trabajo se incrementó, revisión de facturación, actas de cobro de la obra, revisiones con interventoría. Ricardo había cogido algo de confianza y se quedaba en obra hasta las ocho de la noche. Charlando con uno de los vigilantes de su oficina le comentó que en uno de los días anteriores había visto un grupo pasar por la zona del desarenador, al parecer eran Guerrilleros del ELN. Ricardo pensó, no creo se metan con nosotros.

Por esos días el ELN había secuestrado en Segovia Antioquia a quince voluntarias del Ejercito Nacional. Ahora su jefe máximo era Nicolás Rodríguez Bautista. El 14 de febrero del 1998 había muerto Manuel Pérez, exsacerdote español, el cura Pérez, quien hasta ese momento era su líder.

Se escuchaba en las noticias, que ese grupo guerrillero desde el mes de abril tenía conversaciones en Maguncia (Alemania) con el Consejo Nacional de paz(CNP), organizaciones del estado y la sociedad civil, con el fin de llegar a una convención Nacional y lograr adelantar un proceso de paz. Ricardo comentaba a sus compañeros, no hay nada que temer, al parecer el acercamiento del ELN con el gobierno va por buen camino y eso da cierta tranquilidad.

Ricardo recogió a Andrés Felipe en el aeropuerto de Medellín, pasaron un fin de semana muy agradable, conocieron diferentes sitios de la ciudad. Esta relación con su hijo de ocho años día a día se fortalecía más. Como todo lo bueno acaba pronto llegó el momento de las despedidas y el regreso a los quehaceres de cada uno. Andrés al estudio y el papá al trabajo.

El ejército de Liberación Nacional, en la mañana del 22 de julio había roto el compromiso de tregua acordado en Maguncia y comenzó una campaña de atentados a las petroleras en Arauca, región limítrofe con Venezuela y una actividad que iba en crecimiento, el secuestro a civiles.

A finales de ese mes, Ricardo se encontraba con un fuerte malestar de gripe. Fue al médico de Yarumal, éste le envió unos antibióticos, al parecer presentaba síntomas de bronquitis y laringitis. Con las recomendaciones del médico viajo a Cali para recoger algunas cosas que había dejado. En este viaje aprovechó para visitar a sus hermanos en Santa Ana. El lunes a las 7 de la noche se dirigió a Medellín. La noche estaba lluviosa, el avión comenzó a descender en el Aeropuerto de esa ciudad, no pudo hacerlo. Una fuerte tormenta y vientos cruzados lo impidieron. El avión regresó a Cali, hubo necesidad de quedarse en el Aeropuerto esa noche. A las siete de la mañana, del día martes 4 de agosto, estaba de nuevo a Medellín. A su llegada a Angostura en las horas de la tarde, su salud no era la mejor. el trasnocho más el clima frio lo estaba afectando considerablemente. De nuevo tuvo que ir al Médico, que le recomendó quedarse en casa ese día.

Con los días el malestar fue pasando, pronto Ricardo retomó sus actividades normales sin contratiempos. El 21 de agosto, a eso de las diez de la mañana, Ricardo estaba reunido con el Ingeniero Mecánico Ancizar

Osorio, quien le estaba mostrando los detalles de las compuertas que se debían utilizar en el proyecto, cuando de manera súbita un individuo vestido con prendas militares, con un fusil al hombro irrumpió en la reunión, con voz muy fuerte le dijo al Ingeniero Osorio, que en ese momento realizaba una llamada, que por favor la interrumpiera. El Ingeniero inmediatamente lo hizo. Los dos miraban al individuo, quien sin vacilar un momento se dirigió a Ricardo:

—¿Usted es el Director de este proyecto?

—Sí señor, ¿en qué le podemos ayudar?

—Ingeniero, mi nombre es Enard, pertenezco al Ejército de Liberación Nacional y necesitamos hablar con usted. Es solicitud de mi comandante dialogar sobre varias quejas de algunos trabajadores en la zona y nos gustaría concertar y aclarar si se trata de un mal entendido.

—Si ese es su deseo, sentémonos, hablemos de sus inquietudes, yo realmente llevo aquí cuatro meses. Considero que las cosas van por buen camino, pero si estoy equivocado hágamelo saber.

El ambiente se estaba poniendo tenso, los dos Ingenieros miraban al Guerrillero que no se quedaba quieto, se veía intranquilo, al final dijo:

—Queremos que nos acompañe, afuera hay otros compañeros, podemos ir en su propio carro y nos reuniremos con el comandante en las afueras de la ciudad.

"Ese tipo de conversaciones se han dado en otras ocasiones, lo más seguro van a pedir un dinero por estar la obra en la zona que ello supuestamente controlan"—pensó Ricardo—

—Está bien vamos. Ingeniero Ancizar, más tarde seguimos hablando.

Ricardo se dirigió detrás de Enard, hacia la puerta de su oficina, afuera estaban sus cuatro escoltas, lo vieron salir, ni siquiera se movieron. Se encontraban varios guerrilleros, todos perfectamente alineados como haciendo calle de honor. Ricardo le pidió al conductor que lo acompañara. Enard y dos guerrilleros llegaron con ellos hasta el carro, el vehículo salió del campamento, los demás los escoltaron en otro vehículo.

Enard le pidió al conductor que se desplazara por la carretera que va hacia Amalfi, después pidió que se desviara por una vía de un solo carril. Llegaron a un sitio donde ésta se interrumpió. Solo se observaban dos casas a la vera del camino, se bajaron del vehículo. Enard hablaba por radio. De una de las casas salió un señor de edad y saludó al guerrillero.

Le pidieron a Ricardo entrar a la casa para comer algo. Eran las dos de la tarde. Enard salió un momento de la casa hablaba por radio, luego entro y dijo:

—Ingeniero, no hay forma de hablar con el comandante, dígale a su conductor que se vaya y usted se queda con nosotros. Donde vamos a ir no necesitamos el carro.

Ricardo no sabía qué hacer, ya sospechaba que esto iba para largo.

Le indicó a Guillermo su conductor:

—Hágame el favor de comentar en el campamento que me he quedado con ellos, no estoy seguro de regresar pronto. Escriba el número del teléfono de mi esposa para que avise lo que está sucediendo.

Ricardo vio que el carro se alejaba, pensaba miles de cosas, pero aún tenía una leve esperanza que una vez hablara con estos personajes regresaría a Angostura. Había leído sobre Ingenieros con los cuales la guerrilla negociaba algunas garantías para los trabajadores, entonces los hacían llegar hasta sus sitios en la selva. Una vez establecidos los acuerdos, regresaban.

Enard se acercó:

—Ingeniero, tenemos unos caballos que nos van a llevar al sitio de la reunión.

—No gracias prefiero caminar, no estoy acostumbrado a montarme en esos animales.

Cruzaron un potrero e iniciaron un recorrido que se fue alargando. Cerca de la seis y media de la tarde llegaron a una carretera que no tenía pavimento, se veía poco transitada por vehículos. Enard dijo que se detuvieran un momento, de su mochila saco una camisa militar y le pidió a Ricardo se la pusiera para evitar malos entendidos con algún transeúnte de la vía. Él se la puso y continuaron la marcha. Después de una hora llegaron a un sitio llamado el Roble. Ricardo se sorprendió al ver tanta guerrilla en ese lugar. No entendía como en algunas regiones de Colombia, la presencia de policía o del ejército no existía. Le sorprendía que en esa zona tan cercana a la carretea hacia la costa colombiana no hubiese presencia del Estado. Llegaron al parque, Enard se acercó a un restaurante y le ofreció comida. Ricardo tenía mucha hambre, después de semejante viaje, pidió un sudado de carne, papa y una refrescante bebida. Enard hablaba otra vez por radio, luego se le acercó un personaje de aquel lugar y le dio unas indicaciones.

Una enfermera de un puesto de salud vino a saludarlos, igualmente a Ricardo, ella creía que era uno de ellos, por su vestimenta.

De nuevo emprendieron la marcha, caminaron media hora más por la carreta, luego buscaron un atajo, se desviaron por él.

Al salir le dieron una linterna para evitar caídas por el sendero a recorrer en la oscuridad. El reloj marcaba las 11 y 30 de la noche, cuando Enard dio la orden al grupo que se detuvieran. Ricardo estaba cansado, al apagar su linterna la oscuridad era inmensa, caía una fuerte lluvia, sentía humedad en los pies. Enard le dijo:

—Ingeniero, esta noche nos vamos a quedar en este lugar. Mañana hablamos.

Le entregaron una cobija y se dirigió a la tienda improvisada que instalaron, el piso estaba húmedo, habían puesto un plástico sobre la hierba que estaba un poco alta. Como pudo se acostó, no se acomodó, el suelo era duro, el frio le alcanzaba todo el cuerpo, el resto de noche fue espantosa, no durmió mucho.

Al abrir el nuevo día, salió de la carpa, ya no llovía, miro a su alrededor, al oriente despuntaba un tenue sol. Se encontraba en un bosque no muy tupido, se alcanzaban a observar a distancia algunas fincas. Escuchaba el ruido de un río muy cercano. Al girar, se llevó una sorpresa, había varias carpas plásticas, una despensa que parecía un gran mercado. Observaba todo esto y pensaba estoy es su campamento. Enard lo sacó de sus pensamientos, se le acercó y le dijo:

—Ingeniero Cañaveral, le vamos a entregar elementos para su estadía aquí, dos pares de medias, dos camisetas, dos pantaloncillos, botas pantaneras, un par de sudaderas. Usted nos va acompañar mientras logramos negociar con su empresa el regreso.

A Ricardo le subió un frio intenso mayor al reinante en el ambiente, su corazón palpitaba a millón, pensó en su esposa e hijos, en sus hermanos, su mente lo transportó a su niñez en Santa Ana, su pueblo, revivió aquellas historias contadas por sus padres, recordó cuando su papá le contó lo de su matrimonio con la mamá Margarita. Lo que les tocó vivir. Se sentía engañado, además era un iluso, como podría haber confiado en estos personajes que ni siquiera conocía. "¿Cuánto tiempo se prolongaría esto?"

Enard le indicó: Se puede bañar en el río. Ricardo camino en medio de los cambuches, había un riachuelo, el agua caía de la montaña y mostraba un cordón de agua, era como tener un baño en casa con una tubería de un metro de diámetro. Había un problema donde dar del cuerpo, entonces preguntó:

—¿Dónde puedo hacer mis necesidades?

—¿Cuáles necesidades? —Interpelo uno de los guerrilleros—.

—Bueno, entonces, ¿dígame dónde puedo cagar? —contesto Ricardo—.

—En el río dijo el otro. Así se hizo, le tocó ponerse en cuclillas en el río y luego lavarse.

Después Ricardo pudo bañarse, el agua era helada, el jabón era azul, el mismo que ellos usaban para lavar la ropa. Durante el baño, había colocado su nueva dotación al lado y no cayó en cuenta que las botas pantaneras se le habían volteado y cuando se estaba calzando sintió que algo le apretó la media y le alcanzó a pinchar el dedo, se había entrado un alacrán. Casi no se quita la bota para sacar ese bicho. Ricardo se molestó con ello y lanzó la bota lejos, uno de los guerrilleros que lo estaba observando le recomendó que nunca dejara voltear la bota en ningún sitio. El resto del día fue una eternidad, su mente lo transportaba hasta su hijo Andrés Felipe, era con quien más compartía desde su nacimiento, Con Juan Sebastián, su segundo hijo, apenas durante sus últimas visitas a Cali. Ya se estaba generando una cercanía con él.

Ese fin de semana fue espantoso, no pudo dormir. Le habían construido un cambuche. Para Ricardo era novedad la construcción de esta nueva habitación. Allí aprendió.

Cortaban tallos de árboles de aproximadamente tres y medio metros. Se buscaba fueran los más resistentes, El recinto era de tres metros de largo por dos metros de ancho. Del lado más largo en la parte central, alineados, colocaban tres de esos tallos, los empotraban en el suelo en una longitud de un metro, luego otros tallos de menor longitud se empotraban a una distancia de un metro enfrentados a lado y lado de los centrales. Una vez realizado esto, con ramas livianas colocadas en forma horizontal se conformaba un entramado que forraban con plástico negro. Para construir la cama, que era de dos metros de largo por uno con veinte de ancho, se organizaban unos tallos (seis) de dos metros de altura, terminados en forma de Y (horqueta), los enterraban un metro por el lado opuesto, luego se instalaban sobre las horquetas, ramas en forma longitudinal y transversal formando un rectángulo, a continuación, sobre éste un tendido de ramas y de helechos para conformar el colchón. Al final se forraba con plástico a manera de sábana. Con ello quedaba lista una estupenda cama. Es claro no era fácil dormir ahí. Ricardo tenía la costumbre de acostarse boca abajo, pero ante la imposibilidad de hacerlo porque las ramas tallaban demasiado, tuvo que aprender a dormir boca arriba.

La rutina continuó en la semana siguiente. Se levantaba a las cinco y treinta de la mañana, tomaba café. Para dar del cuerpo le habían asignado un sitio, le aconsejaron organizar una rama para hacer el hueco, allí se acurrucaba. Era una pelea continua porque el que lo vigilaba se quedaba parado al lado. Un día Ricardo protestó y le permitieron dejarlo solo, lo vigilaban a distancia. Ya no tenía, que ir al río porque ya disfrutaba de papel higiénico. Una vez terminaba tapaba el huego y dejaba la vara empotrada para no perder la huella al día siguiente. Cualquiera diría que un gato se quedó pequeño ante esto.

Después venia el baño en la cascada natural. Lavaba la ropa del día anterior, después venía el desayuno: arepa, arroz con huevos, aguapanela (bebida obtenida después de disolver la panela en agua hirviente. La panela se extrae de la caña de azúcar) y un pedazo de pan. Luego nada que hacer. Ricardo observaba a los guerrilleros que estaban con él. Eran doce, Enard era el jefe, contaba con cerca de treinta años, los demás eran muchachos entre 18 y 25 años. Dos de ellos se encargaba de la comida, tres vigilaban la entrada y perímetro del campamento. Estos descansaban en la noche y se rotaban. Uno de los jóvenes era el encargado de ir hasta la población por comida cuando se estaba acabando.

En el campamento había dos fogones grandes de gas y sus respectivas pipas. Enard salía en las mañanas y regresaba al medio día. En el almuerzo abundaba el arroz, siempre había frijoles, carne los tres primeros días, después esta se dañaba y sabia horrible, por eso Ricardo prefería comer huevo. También había mazamorra (Cocimiento de maíz en agua hasta que este blando, luego se le añade lecha y un endulzante). Esta era sin leche. Todo lo anterior se repetía en la comida.

Ricardo por el estrés, por la incertidumbre, por el clima tan frio, y por la mojada del día de su llegada se volvió a enfermar. Presentaba fiebre, tos y malestar general. Había transcurrido un mes de su estadía allí.

Pronto decidieron cambiar de campamento. En horas de la tarde le comunicaron que en la noche saldrían de allí para otro lugar más seguro. Realmente lo hicieron en la madrugada y a eso de las siete de la mañana llegaron a una finca al parecer de gente muy cercana a la guerrilla. Ricardo se sentía muy mal. Enard habló con los dueños y les pidió que les prepararan desayuno. Ricardo tomó chocolate con pan, no le provocaba nada más. Le dijeron se acostará, había una pesebrera, un sitio donde se guardaban las sillas de los caballos y una cama. Allí se acostó, era como estar en un hotel de cinco estrellas, esta era una cama presidencial, así lo sentía el Ingeniero, era un hotel de lujo comparado
con lo vivido ese mes. Durmió varias horas, por la tarde tomaron el rumbo, no sabía para donde iban. Caminaron hasta las nueve de la noche. Se detuvieron en un sitio donde Enard indicó que allí se instalarían.

Los tres días siguientes fueron para organizar el nuevo campamento. Era una zona montañosa. Ricardo no mejoraba, le consiguieron un antibiótico. Él pensaba que, al llegar a esta zona con un clima templado, serviría para su pronta mejoría, aún le daba fiebre.

Una de esas noches Ricardo tuvo una pesadilla, se veía en el sitio donde habían instalado su cama, del lado derecho una vegetación tupida, del lado izquierdo la entrada a su tienda, sintió que alguien con un cuchillo estaba rompiendo el plástico. Cuando vio al individuo, Ricardo gritó, por favor no me mate. El grito, sobresaltó al Guerrillero que estaba encargado de la vigilancia, quien disparo hacia el cambuche con tan buena suerte para el Ingeniero que el tiro pegó en el suelo. Esto lo despertó. Esa noche fue terrible, el nerviosismo se apodero tanto de Ricardo como del joven que disparó. Las cosas podrían haber ido a mayores.

Con el paso de los días el Ingeniero mejoró de salud. Un día el encargado de ir al pueblo por mercado le trajo el periódico y unas galletas. Ricardo se sentó a leerlo y en una de sus páginas encontró un artículo donde una esposa pedía por su esposo secuestrado. Indicando que su pequeño hijo estaba bien de salud y que lo extrañaba. Era Sara que publicó esto a manera de anuncio en el periódico el colombiano. Ricardo lo leía y lo releía, no podía creer. Que alegría saber de ellos. Que sería de Jaime y Mela. Guardó el periódico y todos los días lo miraba y volvía a leer.

Ya habían transcurrido dos meses cuando le entregaron una radio grabadora marca aiwa, con un paquete de pilas grandes. Había pedido un cuaderno para escribir, este también se lo dieron.

En las mañanas después del ejercicio, desayuno y baño, se ponía a escribir sobre todo lo que pasaba a diario y de lo vivido en los primeros días de su llegada. Ya podía escuchar la radio y las noticias. Se dio cuenta que en una emisora había un programa que se transmitía los sábados a partir de la media noche, este se llamaba Voces del secuestro. Esto le llamo la atención y les pidió a los guerrilleros le consiguieran un cassette en blanco para grabar los mensajes emitidos en el programa.

Charlaba en ocasiones con los jóvenes que lo cuidaban. Muchos de ellos no sabían leer, ni escribir, no conocían nada de historia ni de geografía de su país, por eso le sugirió al jefe que les consiguiera cuadernos porque iba intentar enseñarles a leer. Esto lo mantendría ocupado y su estadía dejaría de ser tan pesada.

Transcurría el mes de noviembre, llegó al campamento una visita. Se trataba de un señor vestido también con prendas militares, la cara tapada con un pasamontaña, se identificó como el encargado del frente Héroes de Anorí, al cual pertenecían los captores de Ricardo.

—Ingeniero, buenos días, el motivo de mi visita es comentarle que aún no hemos tenido comunicación con su empresa y queremos hacerle llegar una carta suya donde les manifiesta como se encuentra, que necesitamos negociar con ellos su liberación y que si no cumplen con nuestros requerimientos a usted lo vamos a matar. Quiero que entienda que esto es una forma de presión, esto no va suceder, al menos por ahora. También le va a escribir una carta a su esposa y familia indicando su estado de salud y tranquilizándolos. Usted está retenido mas no secuestrado como se quiere indicar. Estas notas me las voy a llevar mañana.

Ricardo se sentía cansado, la noticia que apenas iban a empezar hablar con la empresa lo puso muy triste. Esto indicaba que su estadía se prolongaría, quien sabe cuánto tiempo más. De todas maneras, en medio de su tristeza le escribió a la empresa de acuerdo a lo solicitado y de igual manera a Sara y a toda la familia.

Mientras a Ricardo lo abatía su tristeza, el presidente Pastrana estaba dando cumplimiento a lo prometido durante la segunda vuelta de su campaña presidencial. Había propuesto diálogos con las guerrillas del ELN y las FARC-EP.

El siete de noviembre se reunió con Manuel Marulanda Vélez, jefe máximo de las FARC-EP. Se determinó la creación de la zona de distensión. El ejército abandonó la zona selvática del Caquetá, Departamento del Meta, un área de 42.130 km2 (Área del tamaño de Países Bajos). Con esto el gobierno colombiano cumplía con una precondición que puso Manuel Marulanda para crear una zona que serviría como prueba para el proceso de paz.

A finales de ese mes a Ricardo lo volvieron a mover de campamento. llegaron a un lugar donde la vegetación era muy tupida, hubo que subir por una ladera, había mucha humedad, las botas se deslizaban, subía dos metros y se resbalaba tres. Al final llegaron embarrados hasta los ojos. Allí no había río, tomaron el agua de una pequeña vertiente, para eso cortaron guaduas, organizaron unas canales con una fuerte pendiente, de tal manera que esta llegaba sin inconveniente al sitio. Era más helada que las anteriores, allí se organizaron.

Para Ricardo escuchar las voces del secuestro los fines de semana, se había vuelto parte de su rutina. En ese programa hablaban las familias de los secuestrados, transmitían mensajes y cuando algún secuestrado era liberado, al escuchar su entrevista, se llenaba de alegría e ilusión. En la tercera semana de noviembre escuchó un mensaje de Jaime, su hermano, de Mela, de amigos de Santa Ana, de familiares, también un mensaje de Sara y de su hijo Andrés Felipe, lo alcanzó a grabar. Ese amanecer del domingo no durmió, estaba feliz, todos se encontraban bien. Esa mañana transcribió los mensajes en su cuaderno.

Enard y los que lo habían traído, habían sido trasladados. El dos de diciembre el nuevo jefe de grupo le comunicó que saldrían temporalmente para otro lugar, cogieron ollas y otros elementos de cocina. Caminaron dos horas. Llegaron a un lugar muy hermoso, un río cristalino, se abría un claro en medio de la vegetación por donde penetraba el sol, una cascada donde el agua al caer no hacía mucho ruido porque era a mediana altura, el cántico de los pájaros daba armonía el lugar. "Qué lástima no poder disfrutar con mi familia y amigos de un paseo así el día de mi cumpleaños", —pensó Ricardo—. Las aguas de este río eran profundas, ese día el almuerzo fue sancocho, Ricardo lo vivió plenamente. El fin de semana, a la media noche volvió a escuchar mensajes del cumpleaños de Andrés Felipe, su tristeza por la ausencia del papá. Mensajes de sus hermanos y amigos, entre ellos Héctor Darío, su amigo de la niñez. Allí estuvieron una semana. En la siguiente regresaron al lugar donde habían instalado su campamento. El 24 de diciembre, le regalaron media botella de brandy, en su vida se había tomado este trago, le gustaba el aguardiente. Después de almuerzo se tomó cuatro copas, esto fue suficiente, se emborracho, sentía un malestar muy fuerte, se acostó y su improvisada cama daba vueltas, era una agonía esta borrachera. Volvió a la calma cuando pudo vomitar, esto del trago fue una mala idea. Al final de la noche ya tranquilo en su cama se quejaba por lo sucedido.

El treinta y uno de diciembre, en la noche al parecer la mitad de los muchachos se fueron para una fiesta que hacía la guerrilla en algún campamento cercano. Ricardo se quedó escuchando su radio sentado en una piedra, la vigilancia estaba a cargo de un señor de unos sesenta y siete años que había llegado a mediados de diciembre. Ambos observaban la luna que iluminaba aquel espacio, penetraba su luz por entre los árboles, tenían luz propia. Contaban con una noche especial, el ruido de las chicharras, las luces incandescentes de las luciérnagas, eran los invitados a ese festín. No se escuchaba nada diferente. En ocasiones una leve brisa cubría el ambiente, se pusieron a recordar épocas de cada uno. El señor Milciades le hablaba de su juventud en el campo, al principio maravillosa, luego la violencia. Su familia era liberal, un día llegaron unos llamados bandoleros y mataron a sus papá y hermanos. Ese día él había salido de la finca muy temprano para ayudarle a un vecino en un trapiche de caña. Eso le salvó la vida. A partir de allí todo cambió para él y al final termino enrolándose en la guerrilla. Ricardo le hablaba de su familia, de sus papás, de sus hermanos, de su esposa y de sus dos hijos. La nostalgia los acompaño esa noche. Ricardo a las once se metió en su dormitorio y lloró un largo rato. A las 12 de la noche se levantó y le dio un abrazo al señor Milciades. Así llegó el año 1999.

La tensión en el país continuaba por el inicio de los diálogos de paz con las FARC-EP, el gobierno estaba confiado que este paso dado, al entregar una zona tan grande, iba a tener un buen resultado al final. El siete de enero iniciaron los diálogos, ese día Manuel Marulanda no llegó al encuentro con el Presidente Pastrana.

En el mes de febrero volvieron a cambiar de campamento, al parecer lo hacían por seguridad. Recibieron información que los paramilitares estaban cerca, caminaron dos días, llegaron a plena cordillera, el clima muy frio, la zona era tan densa de vegetación, al punto que el sol se veía muy poco, esto deprimió mucho a Ricardo. Esa noche el hambre y la sed los acosaba, estaban en un lugar que en algún momento estuvo ocupado por las FARC-EP. Allí encontraron un fogón de leña, al parecer un grupo había llegado en las horas de la mañana y habían preparado una olla inmensa con aguapanela y otra con arroz. Ricardo, prendió su linterna para sacar el líquido y las cucarachas nadaban en él, eso le hizo sentir incomodo, pero había que tomar algo para calmar la sed y además comerse el arroz.

Por lo frio del clima, los bichos buscaban calor. En la segunda noche cuando se fue a acostar al abrir su morral, las cucarachas brotaban de él y caían sobre el plástico de la cama, esa noche no pudo dormir por el fastidio y le parecía increíble que eso estuviera sucediendo.

Esta zona para Ricardo estuvo llena de sorpresas, tenía por costumbre levantarse a media noche para orinar, salía de su cambuche, se acercaba a un árbol y allí lo hacía. Una noche de esas cuando se acercó al árbol, sintió un ruido como de aleteo de un ave muy grande sobre su cabeza, esto lo asustó, miró hacia arriba y no vio nada. A la noche siguiente el suceso se repitió en el mismo punto. Esto lo sobresaltó. Uno de los vigilantes que estaba cerca le dijo: —Ingeniero, puede ser una bruja, — Yo no creo en esas cosas — contestó—. El joven le repitió: — si existen y se vuelven cansonas, yo sé porque se lo digo. Esa noche no durmió bien. Al día siguiente los muchachos le hablaron del tema, le contaron historias vividas. Se acordó de las leyendas que les narraba Jorge Lozano en su niñez, en el portón de la casa:

"Las brujas son mujeres dañinas que de noche salen a hostigar a las personas, sobre todo a los hombres, de los que en ocasiones se enamoran, ellas son cansonas y lujuriosas. Cuando se enamoran, son capaces de subirse en el pecho de la persona a la media noche, no dejándolo mover hasta el amanecer. En algunos casos pasan toda la noche manoseándolo y dándole besos, sin que este pueda hacer nada para evitarlo". Contaba Jorge, que la única manera de librarse de ellas era portando un arma cortante o filosa, como una barbera, un machete, una cuchilla o algo por el estilo. Le tienen pavor a todo lo que corte. Con eso no es sino amenazarlas y salen corriendo".

Se sentía un poco confundido. Esto lo obligo a salir a orinar más temprano porque definitivamente le inquietaba la situación. Pasaron varios días y de nuevo al salir el aleteo encima de su cabeza, esta vez vio un destello que iluminó el campamento, al punto que el señor Milciades se le acercó y le dijo es una bruja, simplemente quiere molestar.

Los campesinos en Colombia tienen muchas creencias, eso ha generado leyendas en las diferentes regiones, se habla del duende, de la patasola de la llorona, y de las brujas, Quizás alguien haya vivido esas experiencias y por eso las cuentan. Los abuelos narraban estas cosas como reales.

Una de esas historias, es la de un arriero en el pueblo de Santa Ana, que cierta noche iba con su caballo y una mula rumbo a su casa, cuando al tratar de cruzar un pequeño puente, una gallina se le atravesaba y le impedía continuar, éste se bajó del caballo, correteo a la gallina hasta que la cogió y la amarró de la silla de la mula y así pudo continuar su camino. Al llegar a su casa dejo los animales amarrados en el patio y se fue a dormir. Al día siguiente muy temprano escuchó que una voz femenina le hablaba desde el patio, cuando salió quedó sorprendido al ver que atada a la silla de la mula estaba una mujer que él conocía. El hombre la bajó de la mula, le pegó unas nalgadas y la dejo ir.

Se dice que ellas abandonan su cuerpo cuando comienza a caer la tarde, el cual permanece inerte toda la noche, y al amanecer regresan a él y salen a hacer una vida normal. Son mujeres conocidas en el pueblo o en los alrededores del mismo.

El Ingeniero al escuchar estas leyendas, se acordó que en alguna ocasión se encontraba en una finca, la oscuridad era plena, al mirar por la ventana de la casa, observó que alguien le hacía señas indicándole que se acercara. Abrió la puerta y al llegar al sitio se dio cuenta que era la hoja de una planta de gran tamaño que el viento movía. Por experiencias como está, él no creía mucho en estas narraciones, las consideraba leyendas populares.

Una madrugada, cerca de las dos, el campamento comenzó a iluminarse y a la par se escuchaba un ruido infernal, Ricardo se despertó muy asustado. Se sentían helicópteros que volaban cerca de donde ellos estaban. El tableteo de la metralla de estos aparatos producía pánico. Los muchachos se asustaron, le advirtieron que si eso llegaba a ellos lo debían sacar por una zona relativamente segura y así evitar cualquier incidente. Al retenido había que cuidarlo como una joya preciosa. El estallido duró cerca de cuatro horas. Al día siguiente se dieron cuenta que el ejército perseguía un grupo de las FARC-EP que habían atacado a una población cercana. Debido a lo sucedido, además por lo malsano del clima, decidieron buscar nuevo campamento.

Al día siguiente, en la noche partieron, después de cinco horas de recorrido, entraron en las calles de un pueblo llamado Anorí, el grupo lo hizo en fila india al lado y lado de la carretera, Ricardo iba de tercero en la fila. De un momento a otro se escuchó un vehículo que entraba al pueblo. Sintió que todos quitaron el seguro a sus fusiles. Se trataba de un camión de la policía, solo venían el conductor y un agente. Estos al ver a los guerrilleros trataron de dar reversa al vehículo, pero este se les apagó. Los guerrilleros llegaron hasta el camión, los encañaron con sus fusiles y los hicieron bajar del vehículo. Los que iban adelante con el Ingeniero se salieron de la vía y tomaron por un sendero un poco boscoso, mientras los demás se trajeron a los policías y los dejaron amarrados en las afuera de la población. Después de lo ocurrido, se unió nuevamente el grupo y continuaron el camino por tres horas, al cabo de las cuales llegaron terrenos de una finca donde se observaba una casa grande. Tenía un gran trapiche panelero (Molino para extraer el jugo de la caña de azúcar y se elabora la panela), en los corredores, en medio del bagazo de caña se acostaron, las cucarachas rondaban por el sitio.
Ya era costumbre convivir con todo tipo de insecto. Ricardo se tapaba la cabeza para evitar se le fueran a meter por los oídos, se cubría con su cobija.

Eran las siete de la mañana, cuando se escuchó la voz de una señora que fue hasta el trapiche para saludarlos a todos, como si fueran los mejores amigos. A Ricardo lo presentaron como un comandante recién llegado, él vivía en la ciudad, le dijeron a la anfitriona. Esta los invitó a la sala de la casa, allí les dieron un buen desayuno, eran viejos amigos de doña Rosalba. Ricardo a duras penas hablaba, la señora pregunto: —-usted desde cuándo por estos lares? Este le contestó: —Solamente una semana, voy a estar pocos días, debo volver pronto a la ciudad.

Estaban aún en la sala, cuando se apareció una joven muy bonita, la piel muy blanca, ojos claros cabello castaño, la típica campesina antioqueña. La señora la presentó como su hija. Doña Rosalba, le sugirió a la joven que le mostrar la finca al comandante Joaquín (Nombre dado por la guerrilla al Ingeniero al presentarlo). Ricardo sutilmente, le dio la gracias a la señora por esa invitación, pero prefería quedarse allí con ellos. A eso de la diez de la mañana llegaron a la finca otras personas, todos amigos, querían hablar con el comandante. Para Ricardo era incomodo lo que estaba sucediendo, sin embargo, continuó el juego. Uno de los recién llegados le dijo:

—Comandante tengo problemas con un vecino que le he entregado unos animalitos, supuestamente me los iba a pagar a los treinta días y hasta ahora se está haciendo el pendejo, necesitamos que usted no ayude con eso y le obliguen a pagarme. Ricardo miraba al jefe del grupo, al cual a pesar de ser una persona de unos treinta y cinco años le decían el viejo. Este le hizo un gesto, indicando que contestara. Ricardo, entonces expresó:

—Vamos a mirar este tema con cuidado, tenemos que hablar con su vecino, le haremos entrar en razón y si no lo hace tomaremos otras medidas, Vaya usted tranquilo.

Así sucedió con las otras personas, ante quejas por jóvenes que generaban desorden en la comunidad, para que les llamaran la atención. Ricardo no veía la hora que esto terminara, estaba cansado y trasnochado por los eventos de la noche anterior. Al final, los vecinos se fueron y pudieron almorzar.

Luego volvieron a la sala, la señora Rosalba estaba inquieta. Ricardo estaba seguro que la señora no estaba muy convencida que el fuera un comandante. Esto lo pudo constatar cuando ella le comentó: —usted no parece Guerrillero, se expresa muy bien. El ingeniero le contesto: —A decir verdad, estoy más en la ciudad que en el campo.

En la tarde pidió que lo sacaran de allí, no soportaba más esa farsa y esa incomodidad. En la noche cogieron de nuevo el camino. Después de tres días llegaron a un sitio, que, según el viejo, sería una estadía temporal, mientras la zona se tranquilizaba. Estaban frente a un cultivo de coca, terreno plano, con varias hectáreas sembradas. Ricardo les preguntó: —¿No disque ustedes no estan metidos en narcotráfico? Varios de ellos respondieron —esta zona es de las FARC -EP. Allí se instalaron. Por sugerencia de Ricardo que se había ganado la confianza de los jóvenes pues llevaba cerca de dos meses con ellos, limpiaron un pedazo de terreno e hicieron una cancha pequeña de futbol. Se fabricó un balón con costales y una tarde se dispusieron a jugar. Esto le hizo olvidar que estaba secuestrado. Esta dicha duró poco hasta que uno de los muchachos por pegarle al costal - balón le dio a una raíz de las matas antes existentes y se rompió un dedo.

Allí escaseaba la comida, no se podían acercar a ninguna población porque había paramilitares y ejército en el área. Durante ese mes sólo se comió plátano verde (patacón), aguapanela, arroz sin trillar y con agua hervida porque no había manteca para prepararlo. Esto le provocó a Ricardo una debilidad inmensa, de la cual, le costó reponerse.

En abril iniciaron traslado a otro sitio, cambiaron a los muchachos. El nuevo jefe de grupo, salió temprano con diez de ellos, se quedaron cinco con Ricardo. Estos partieron con él a las siete de la noche, después de cuatro horas llegaron al lugar donde se iban a quedar. Ricardo se molestó porque no encontró donde dormir, todos estaban acomodados. El cogió su linterna, buscó al nuevo jefe que estaba durmiendo, le alumbró la cara y le dijo: — "VEA GRAN PENDEJO, COMO ME TRAJERON AQUÍ EN CALIDAD DE SECUESTRADO O RETENIDO COMO DICEN USTEDES" así que, por favor, resuélvame donde voy a dormir.

La reacción del guerrillero pudo haber sido otra, pegarle un tiro o maltratarlo. Pero éste se levantó y ordenó organizar una carpa para esa noche. Al día siguiente, uno de los cinco jóvenes que acompaño a Ricardo le comentó lo sucedido, por radio, al comandante del área. Inmediatamente el joven fue cambiado, porque para ellos el ingeniero costaba una plata y era necesario cuidarlo.

Ricardo al abrir los ojos y ver la luz de nuevo día quedó extasiado con lo que estaba observando, un bosque donde los árboles eran demasiado esbeltos, de uno tallos delgados, eran sauces, también había gualandayes, la vegetación era variada, diversidad de matices, se pasaba de un verde muy oscuro a uno más claro. De las ramas de algunos de esos árboles colgaban unas especies de bolsas que no era otra cosa que los nidos de las oropéndolas (Ave negra con castaño oscuro en espalda y alas, pico negro con punta anaranjada, parche de piel azul en la base). En los árboles más bajos se encontraba variedad de orquídeas. Al caminar por ese sendero, su ambiente se llenaba de mariposas de diferentes colores, se les pegaban a sus brazos, la armonía dada por los canticos de los pájaros, lo extasiaba.

Ricardo miraba, tocaba, cuanta cosa veía, un saltamontes tan verde como la planta se le posó en el hombro, como queriendo decirle buen día. A unos 100 metros un riachuelo cristalino, Ricardo saboreaba estos instantes, pensaba en los suyos. Le dio gracias a Dios porque en medio de esta incertidumbre estaba en un paraíso, aunque secuestrado.

Cierta mañana tuvo una agradable sorpresa. Llegó una caja, contenía correspondencia de la familia, de compañeros de trabajo y amigos, un dulce de arequipe de su tierra, también un libro de poemas de Pablo Neruda con mensaje de Harold Martínez. El Ingeniero no sabía que abrir primero, encontró allí, recortes de periódico de una entrevista de Andrés Felipe y su mamá, cartas de Jaime, Mela, sus hermanos, Esmeralda, cartas de Sara y familia. Esto era un alivio para el espíritu, tenía con que entretenerse y leer muchas veces. Así lo hizo, se levantaba, lavaba la ropa en el río, nadaba un rato y luego se acostaba sobre una piedra a leer y releer las cartas, así pasaban las horas y los días. En las cartas esperaba noticias de su salida, nada de esto estaba allí escrito, esto lo deprimía, ya habían transcurrido cerca de ocho meses y aún no había respuesta alguna.

El ELN continuaba realizando secuestros en algunas zonas de Colombia, Alcaldes, civiles en pescas milagrosas. Precisamente en esos días se dio un secuestro masivo de un avión del vuelo 9463, el cual fue obligado a descender en el departamento de Santander, secuestraron 46 personas.

En medio de esto Ricardo seguía fielmente los fines de semana el programa de las voces del secuestro. Escuchaba mensajes alentadores de sus hermanos, donde le contaban sobre las marchas que realizaban en Santa Ana, en Pereira, en Cali y en Medellín pidiendo por su regreso y el de los secuestrados en Colombia. La cifra, al parecer era muy grande, el secuestro era el negocio de los grupos guerrilleros. La voz de Andrés Felipe contándole sobre su estudio y sobre las actividades que hacían para conseguir su regreso, las voces de amigos dándole el ánimo para seguir en la lucha y que no perdiera la fe.

Una noche, después del programa se quedó dormido y tuvo un sueño muy especial, "caminaba con Sara y Andrés Felipe, estaban en un pueblo pequeño, sus calles solitarias, Sara y el niño comenzaron a caminar rápido y por mucho que caminaba Ricardo no podía seguirles el paso, se fue quedando, ellos siguieron su camino y él a distancia los observaba, les gritaba que lo esperaran y no lo escuchaban, hasta que no los vio más". Cuando despertó esto lo hizo sentir peor, creía que lo habían abandonado, era como un presentimiento. Su cambuche estaba situado a unos diez metros de lo que ellos llamaban caspete (Lugar donde se cuecen los alimentos), las otras carpas estaban enfrente de la de Ricardo, formando un circulo de diámetro de 50 metros. La parte posterior de la carpa de Ricardo daba hacia un camino que el utilizaba para ir al sitio donde realizaba sus necesidades fisiológicas en las mañanas. Ricardo lo conocía muy bien, allí nunca se tenía vigilancia. Por ahí habían llegado cuando instalaron el campamento. Almorzaba a la una de la tarde y luego de metía en su carpa, a leer y escuchar radio. Los jóvenes no lo molestaban en toda la tarde hasta la hora de la comida. Se le ocurrió que podía salir de aquel sitio, tratar de escaparse, le tomaría cerca de cuatro días para llegar a Anorí, o algún pueblo cercano. Esta vez su recorrido para llegar a ese lugar, lo habían hecho por senderos, donde en ocasiones se topaban con gente campesina. Planeó varios días su salida, hacia pequeños recorridos y sentía que a nadie le llamaba la atención.

Escogió un día martes de mayo, almorzó, en su cambuche esperó hasta la una y treinta de la tarde, guardó en su morral galletas, agua, una camiseta, dejó el radio prendido, y salió rumbo al sendero. Comenzó a caminar, llegó a un lugar donde este se terminó, entonces se adentró en una zona de frondosa vegetación, el suelo muy húmedo y pantanoso, se le dificultaba dar el paso, no se le hacía parecido a lo recorrido en su llegada. Una tenue luz del sol penetraba por entre los árboles y le ayudaba para no caer. Muy rápido empezó a oscurecer, sabía que tenía que andar con más prisa, sus captores pronto se darían cuenta que no se hallaba en el campamento y lo irían a buscar. La zona se volvía cada vez más densa en vegetación, sentía una angustia terrible, definitivamente no había escogido la ruta ideal, ese no era el camino de regreso. Notaba que pasaban las horas y la noche podía complicar más las cosas. Ricardo estaba perdido en medio de una selva muy tupida y húmeda. No se atrevía a sentarse en ningún sitio, ocasionalmente prendía su linterna, temía que por la luz del foco lo localizaran Lo más seguro lo estaban buscando. Llegó a la orilla de un pequeño afluente de agua, se sentó por fin en un árbol caído, los pies le dolían, limpió el barro de las botas, se las quitó, introdujo los pies en el agua, esto lo alivió un poco. El silencio era absoluto, Se observaban los destellos de luz de las luciérnagas, hacia frio.

Así fueron transcurriendo las horas, fue una noche eterna, durmió poco. Muy temprano volvió a ver la luz del sol por entre las ramas, decidió continuar, se guío por el borde del arroyo, solo podía tomar agua y comer galletas. Después de casi seis horas llegó al sitio donde la vertiente entregaba las aguas a una quebrada. Ahora no sabía qué hacer, no tenía forma de orientarse. Se sentó un rato, pensaba: —"No se regresar al campamento de la guerrilla y tampoco para donde buscar un caserío o algo parecido"—. Se le ocurrió subirse a un árbol. Después de muchas peripecias logró llegar a la parte más alta, desde allí pudo ver a gran distancia una casa. Tal vez eso le tomaría dos días para llegar. Una vez en el piso retomó su recorrido, cruzó la quebrada, se encontró un árbol de guama, comió hasta que se llenó. El cansancio lo venció, buscó un sitio tranquilo y allí durmió. No se atrevía caminar de noche para no perderse del rumbo trazado.

En la siguiente mañana continuó en busca de la meta trazada, el bosque estaba más despejado y el suelo firme. Esto lo animó, su caminar era más rápido y al tratar de saltar entre dos troncos de árbol cayó en medio de ellos a un foso de unos cinco metros de profundidad. Con tan buena suerte que el fondo estaba lleno de hojas húmedas, las cuales amortiguaron su caída.

Ahora Ricardo contaba con otros problemas, se había golpeado al caer y tampoco sabía cómo iba a salir de allí. El hueco era aproximadamente de dos metros de ancho por cinco metros de largo, no era fácil ascender para llegar a la superficie. En la caída había perdido su morral, no tenía agua y el hambre era su compañera en este triste momento.

De nuevo llegó la noche, esto lo comenzó a desesperar, confiaba que entre las hojas húmedas no hubiese alacranes o algún bicho que lo fuere a picar. Se recostó contra las paredes del foso y allí se durmió.

Le costó levantarse al día siguiente, con un pedazo de palo empezó a realizar huecos en la pared con el fin labrar unos peldaños, un par de ellos para meter los pies y otros más arriba para las manos, eso daba una altura aproximada de dos metros, la pared no era tan vertical eso podrá ayudar pensó. Así en medio de subida por los huecos y caídas, al tercer día logró agarrar una rama de los troncos caídos, la cual le permitió salir a la superficie. Ese día camino una hora más hasta que se sintió que no podía hacerlo y cayó al piso sin sentido.

Cuando despertó estaba en su cambuche y con las manos amarradas a la cama. A Ricardo lo buscaron por seis días al cabo de los cuales lo encontraron cerca de una casa, donde los campesinos, amigos de la guerrilla, le avisaron al grupo que lo estaba buscado, lo recogieron y se lo llevaron de nuevo.

Después de dos semanas de tenerlo amarrado le soltaron y le permitieron moverse por el campamento. Después de esto Ricardo no volvió a pensar en escapar.

En la última semana de mayo llegó a manos del Ingeniero, un periódico con fecha cinco de ese mes, con un titular en la hoja 4B en grandes letras" La lista de la infamia". El columnista del periódico el colombiano, mostraba una larga lista de personas: 1.007 secuestradas, solo entre 1997-1999. Allí estaba su nombre. Al final de la hoja a través de una nota indicaba que por razones de espacio no había sido posible publicar la lista completa. Solo al día siguiente publicaría el resto. Enunciaba que por primera vez en Colombia se mostraban los nombres de las personas secuestradas.

También decía el artículo que, desde enero de 1996, 5.445 personas habían sido secuestradas, de las cuales 4.954 eran civiles y los restantes 491 eran miembros de la fuerza pública. Con esta noticia quedaba claro que Colombia en ese momento era el país del mundo con mayor número de secuestros.

Veinticinco días después, Ricardo escucho por la radio, la noticia de un nuevo secuestro del ELN en del sur de Cali. Se habían llevado de la iglesia de la María en el barrio Ciudad Jardín a varias personas.

Los guerrilleros llegaron a la iglesia, engañaron a los feligreses, indicando que afuera había un carro bomba y que todos debían evacuar el templo. Estos se hicieron pasar como integrantes del Gaula (Unidad antisecuestro del Gobierno), al salir ciento ochenta personas entre ancianos y niños fueron llevados por los guerrilleros. El día del secuestro el ejército logró rescatar cerca de ochenta, unas diez personas lograron escapar del sitio de cautiverio. El resto de adultos fueron liberados poco a poco.

Esto se consideró el más grande secuestro masivo realizado en Colombia. Ricardo escuchaba en su radio todas estas noticias y por momentos no encontraba una salida a lo suyo.

En los inicios de junio llegó al campamento un emisario enviado para hablar con Ricardo sobre los pormenores de una supuesta negociación.

Como la empresa solo ofrecía obras para la comunidad y el primer pedido que el grupo solicitaba era de un millón de dólares, no hubo acuerdo alguno. Semejante propuesta a Ricardo le causó risa, eso nunca lo pagarían. Después hablaron con la familia y se buscó un acercamiento, era como empezar de nuevo. Al día siguiente el personaje se fue. Ricardo entró en una fuerte crisis, dejó de comer, no dormía, para completar hacia unos meses lo había picado un insecto en el hombro, inicialmente se observaba un círculo rojo. Al parecer el insecto hembra transmisor (pito), le había provocado la infección. Cuando esto sucede, se empieza a dañar la piel, se vuelve escamosa y de un color oscuro. La enfermedad se llama leishmaniasis. Esto le daba mucha fiebre, fatiga y debilidad, ocasionada por la pérdida del apetito. Entró en una fuerte depresión, pensaba se iba a morir. Para combatirla era necesario traer de la ciudad una medicina llamada antimonio pentavalente, inyección a colocar diariamente durante veinte días, el problema era conseguirlas por las restricciones en la zona. En ese mes estuvo muy enfermo. Ricardo sabia como se desarrollaba en el cuerpo esa enfermedad, había visto como un guerrillero que venia del Darién había muerto después de un fuerte padecimiento y sin contar con ninguna medicina.

En la última semana de junio, llegó un nuevo jefe de grupo, era un señor de unos cincuenta años de edad, inicialmente usaba pasamontañas para cubrirse la cara, se presentó como el comandante Rafael.

—Ricardo, yo estudié medicina, estoy en la guerrilla hace veinte años, voy a mirar su estado de salud y espero ayudarlo. He estado en contacto con Sara, su esposa, se han adelantado algunas conversaciones y creemos que pronto llegaremos a un acuerdo con el fin que usted pueda regresar a casa.

Ricardo estaba muy demacrado, había perdido peso, estaba debilitado, comía muy poco, a duras penas se movía. El supuesto medico lo revisó, le dijo:

—Efectivamente tienes principio de leishmaniasis, pero lo positivo de esto es que pude traer la medicina necesaria para combatirla, muy pronto estarás recuperado, en veinticinco días todo volverá a la normalidad.

Ricardo poco a poco se fue recuperando. Rafael le brindaba confianza, él para acercarse más a Ricardo un día se quitó el pasamontaña y no lo volvió utilizar.

Rafael en las mañanas les daba charlas a los guerrilleros sobre temas políticos, que estos jóvenes ni siquiera entendían. Como Ricardo era apasionado por los temas políticos, había leído sobre la guerrilla en Colombia, la violencia, el narcotráfico y el paramilitarismo etc. también lo escuchaba. En algún momento mientras ellos estudiaban los estatutos del Ejército de Liberación Nacional. termino en una discusión con uno de ellos, por algo relacionado con la forma de obtener sus ingresos.

Una tarde estaba sentado en su carpa leyendo, cuando se le acercó un niño de unos doce años, le dijo:

—¿Qué está leyendo? Ricardo lo miró, no lo conocía, era la primera vez que lo veía.

—Uno de tus compañeros me regaló esta biblia y estoy leyendo apartes del antiguo testamento que me llama la atención. ¿Tú quién eres?

—Me llamo Gonzalo y me trasladaron para acá, nos vamos a ver por un tiempo.

—¿Estás muy joven, Gonzalo, cuántos años tienes? —preguntó Ricardo—

—Dieciocho, señor.

—No te creo, te pongo doce si mucho, el niño se río

A Gonzalito como siempre lo llamó Ricardo, el uniforme le quedaba grande, era todo un personaje, un campesino humilde, como muchos jóvenes colombianos que, al paso de la guerrilla por diferentes sitios, sus padres se lo entregaban a cambio de una ayuda económica o muchas veces se los llevaban sin consentimiento. Gonzalo no sabía leer, era el encargado de la merca, se desplazaba a una población cercana y compraba el mercado. Ricardo le genero confianza porque le contaba historias y el niño le traía galletas y un día cualquiera el periódico.

Una mañana Gonzalito le pidió a Ricardo un favor:

—Ingeniero, resulta que hay en el pueblo una niña muy bonita, yo le gusto y ella me ha escrito cartas. Ella cree que yo sé leer, me gustaría usted me las lea y si es posible me ayude respondiéndolas.

—De acuerdo, ¿dónde las tienes?

Ricardo miró las cartas de la amiga de Gonzalo, la niña estaba enamorada, se las contestó de acuerdo a lo que el pretendiente quería expresar. Esto lo hizo cada quince días. El comandante Rafael salió por varios días. Cuando regresó le comentó que Sara había estado en una zona cercana, que las negociaciones estaban por buen camino. Esto ánimo a Ricardo, no veía la hora de salir de allí, eran diez meses los transcurridos.

Un día de julio al parecer hubo un enfrentamiento de la guerrilla con el ejército y trajeron un muchacho con un tiro en una pierna. Ricardo le sirvió de auxiliar al comandante Rafael durante la cirugía ambulante, el médico le agradeció el gesto a Ricardo.

A mediados de julio, el comandante se volvió a ausentar. Para Ricardo esta nueva ausencia era una buena a señal, esperaba le trajera buenas noticias, quizás una reunión con la empresa.

Al día siguiente como a las diez de la noche, Ricardo estaba en su cambuche oyendo la radio, sintió que alguien se acercaba, era el comandante Rafael.

—Ingeniero Ricardo buenas noches, le traigo buenas noticias, hablé con su esposa Sara, se ha llegado a un acuerdo. En los próximos días se va para su casa. Ricardo brincó de la cama,

—¿De verdad señor?

—Así es, todo estará listo en pocos días, —indicó Rafael—.

Ricardo no durmió esa noche, la ansiedad se volvió su compañera. Los días de julio pasaban y nada, el tiempo se volvía su enemigo. El comandante había vuelto a salir.

Mientras tanto le escribía las cartas a la novia de Gonzalito y le enseñaba a escribir algunas palabras.

En la primera semana de agosto llegó el comandante Rafael. Era un sábado siete de agosto. Lo llamó y le dijo:

—Ingeniero el martes empaque las cosas necesarias porque nos vamos para otro sitio, estamos a días de lo suyo.

Ese fin de semana fue eterno. Efectivamente el martes cogieron camino, fueron dos días de recorrido, descansaron en medio de la noche.

El 13 de agosto retomaron el viaje, fueron tres horas más, llegaron a un sitio donde había plantaciones de caña y mucha guerrilla en la zona.

Parecía como si hubiese un encuentro de ellos. Rafael le dijo al Ingeniero que se sentara a la vera del camino en medio de los cañaduzales. Ricardo miraba a su alrededor, trataba de ubicarse.

De un momento a otro el jefe de área Noroccidental del ELN, llegó hasta él, era la misma persona con quien había hablado en diciembre del año anterior.

—Ingeniero Cañaveral, usted más tarde va a salir para un lugar y mañana antes de medio día va a ser entregado a un representante de la iglesia, quien estará acompañado de su esposa e hijo, el sitio se llama Briceño. Usted entenderá que hemos querido negociar con su empresa, pero ellos han sido muy duros, por eso nos tocó llegar a su familia. Esto es un hecho, disculpe si lo hemos maltratado en algún momento. En media hora sale con un grupo.

Ricardo preguntó: —La zona de entrega es segura para mi familia?

—Si señor no se preocupe —dijo.

En la siguiente hora salieron, amarrados con lazos atravesaron el río Porce, un caudaloso río de esa zona de Antioquia. Caminaron toda la tarde, en la noche llegaron a una casita con techo de paja. Era cuadrada de unos 25 m2, el piso en tierra, pero muy limpio, un cuarto con una cama. Los muchachos se quedaron afuera, Ricardo fue el único que accedió a la casa, intentó dormir. Después de diez meses dormía en una cama, por su cabeza rondaban muchas cosas, una de ellas:" ¿qué se iba encontrar a su regreso?". Sara al parecer había participado en le negociación, pero sentía que cuando llegaban los mensajes de voces del secuestro ella no participaba, solo era el niño. Se acordaba antes del secuestro cuando ella le pidió que no volviera a Cali, pensaba en Mela y Jaime. Al final por el cansancio de la jornada se quedó dormido.

A las cinco de la mañana le tocaron a la puerta para que estuviera listo porque continuaban con el recorrido. Este fue realmente corto, a las dos horas estaban entrando a una finca, al parecer abandonada, allí desayunaron.

Ricardo aprovecho para bañarse, tenía el cabello muy largo y uno de los guerrilleros se lo cortó. A partir de ese momento empezó la espera más larga de la vida de Ricardo, al menos así lo sintió, la ansiedad no era una buena amiga.

Desde esa casa se observaba la carretera, el lugar donde se realizaría la entrega, así pasaron los segundos, minutos, horas, hasta que el fin a eso de las dos de la tarde por medio del radio dieron la orden de llevar al retenido. Ricardo aceptó montarse en una mula para llegar al punto establecido donde se llevaría a cabo la entrega. En media hora estuvo allí.

Todo esto se realizó en un parque de un caserío cercano a la población de Briceño. Ricardo apenas llegó, vio a Sara y Andrés Felipe. Salió al encuentro de ellos, cargó al niño y abrazó a Sara, los apretaba y daba gracias a Dios por volverlos a ver. No hablaban, la alegría era desbordante, por fin se iría a casa. Los hicieron sentar. A ellos los acompañaba un sacerdote de la parroquia de Yarumal, el encargado por parte de la guerrilla leyó una especie de acta de entrega y declaró que el Ingeniero Ricardo quedaba en manos de un representante de la iglesia y de su familia, por lo tanto, el ELN no se hacía responsable de lo que pudiere suceder en el futuro. Dejaban claro que en la carretera hasta la panamericana las condiciones estaban dadas para que se movilizaran sin inconveniente.

De allí se trasladaron a una casa, Sara y el Sacerdote debían entregar el dinero solicitado por el rescate. Ricardo y el niño se quedaron esperando en la sala de la misma. Unas jóvenes guerrilleras, se acercaron al niño y lo cargaron. Don Milciades, el señor que estuvo con Ricardo el fin de año estaba en esa casa, se acercó a él y le dijo: —Ingeniero, me alegro que regrese con su familia, entiendo que no debe haber sido fácil, he preparado el almuerzo hoy y una vez su esposa y el sacerdote estén listos les sirvo, le deseo la mejor de las suertes. Ricardo le sonrió, le manifestó: —Don Milciades gracia por su compañía el treinta y uno de diciembre. Espero le vaya bien a futuro.

Almorzaron e iniciaron camino hacia la libertad. este largo y oscuro camino del recorrido de la vida llegaba a su fin. Ricardo miraba la carretera a medida que el vehículo avanzaba, sabía que estaba dejando atrás una etapa difícil, que ya había recorrido y en su mente brillaba la esperanza de mejores días.

Se encontraban muy lejos de Medellín, tenían vuelo separado para la ciudad de Pereira, lo perdieron. De Briceño a la capital Antioqueña los esperaban siete horas. Llegaron a las 10 de la noche a la casa de unos amigos de Sara, personas que les habían ayudado con los contactos para lograr esta negociación. Allí se tomó la decisión de arrancar por carretera para Pereira. A las once de la noche abordaron un bus, este se tomó seis horas en el recorrido, de tal manera que a las cinco de la mañana llegaron a un motel situado entre Santa Ana y Pereira. Allí descansaron. A las ocho de la mañana tomaron un taxi que los llevo a Santa Ana, allí nadie los esperaba, esto era una sorpresa. Mela al abrir la puerta de su casa por poco se infarta, no creía ver a Ricardo, lo tocaba, lo abrazaba, lloraba, reía, esto para ella era una cosa de Dios. Por fin tenía a su hermano a su lado. La noticia corrió por el barrio el Bosque, los vecinos comenzaron a llegar, llegó Jaime, su hermano. La casa de la familia Cañaveral se llenó, todos querían abrazar al recién llegado. Fue una fiesta por la libertad de Ricardo, por fin se había logrado.

La casa estuvo llena durante la permanencia de Ricardo. Monseñor Uribe, amigo de la familia ofreció una santa misa en acción de gracias al creador por la liberación del Ingeniero Cañaveral.

5. EL REGRESO SIN DESTINO

Ricardo, en Cali, tuvo un recibimiento especial por parte de sus compañeros de trabajo. Le indicó su jefe que debía realizarse chequeos médicos, descansar en casa para luego reincorporarse a la vida laboral. Tenía una incapacidad de tres meses.

Le propuso a Sara que realizaran un paseo con el niño y una pareja de amigos. Ella aceptó y viajaron A San Andrés. El paseo era de cinco días. Al quinto día, Ricardo observó que Sara hablaba por teléfono con alguien y le preguntó con quién lo hacía, ella le respondió:

—Tenemos que hablar cuando regresemos a casa, debo contarle varias cosas.

Una vez en casa, al día siguiente se sentaron en la sala del apartamento. Ella le dijo:

—Desde antes del secuestro, cuando te pedí que no volvieras era porque estaba empezando a salir con un amigo de una de las empresas con las cuales trabajo. Esta relación durante tu secuestro fue creciendo al punto que compartimos juntos mucho tiempo. Ahora que estas de nuevo en Cali, no es fácil para nosotros. A pesar de ello, hice todo lo posible para que regresaras, pensando en Andrés Felipe. Debo ser sincera contigo, voy a continuar con la relación que he establecido.

Aunque Ricardo presentía esto. Sintió una inmensa tristeza. En algún momento pensó que la ausencia vivida durante el secuestro, iba a contribuir con una mejoría para la relación familiar. Se sentía frustrado. Su presentimiento era una realidad.

—Si esa es tu decisión, la voy a respetar. Mientras consigo para donde irme, los voy acompañar. Lo siento mucho por el niño.

Estaba desubicado. Sabía que era necesario dar por terminada esta etapa de su vida que tanto lo estaba atormentando. Pronto consiguió un apartamento donde vivir. Recogía a Andrés Felipe en el colegio y pasaba mucho tiempo con él. El niño lo acompañaba a cuanto sitio pudieran ir juntos. Juan Sebastián se encontraba viviendo en Orlando con su mamá.

Llegó en momento de reiniciar a sus actividades laborales. Un nuevo trabajo fuera de la ciudad. Se estaba ampliando la planta de una empresa llamada Cerromatoso. Debía trabajar en la oficina técnica. Era el encargado de la revisión de planos, les daba el visto bueno para ejecución. También era parte de su trabajo chequeo de actividades de campo.

A los dos meses de estar allí. Decidió renunciar. No se encontraba en las mejores condiciones para realizar su trabajo. El jefe de personal y de seguridad lo llamó a su oficina. Él tenía conocimiento de la situación por la que estaba atravesando en ese momento. No lo dejó renunciar, le dio una semana de descanso.

—Ingeniero Ricardo, entiendo por lo que está pasando, primero lo del secuestro y luego su separación. Tómelo con calma. Vaya a casa una semana, al regreso hablamos.

Se tomó la semana, cuando regresó lo ubicaron en una habitación con todas las comodidades. Los compañeros comenzaron a rodearlo. Donde vivían era una especie de club, en las noches jugaban futbol y basquetbol. Los fines de semana había una pequeña discoteca. Las cosas cambiaron para Ricardo que se acomodó al lugar.

Después de ocho meses fue trasladado para Bogotá. Volvía a ser Director de proyecto.

En Bogotá se ubicó en una aparta-estudio muy cómodo. Volver a su actividad normal de trabajo fue suficiente para empezar a sanar después de todo lo sucedido. Los dos años siguientes fueron de mucho trabajo.

Los Grupos Guerrilleros no paraban de secuestrar civiles. El 17 de septiembre de 2000 el mismo frente del ELN que realizó el secuestro de la María, realizaba uno nuevo en un restaurante del Km 18 de la vía Cali Buenaventura. Se llevaron 61 personas que se encontraban almorzando en aquel sitio. Los Guerrilleros usando los mismos vehículos de los propietarios los condujeron hasta un sitio de la carretera, desde allí los hicieron caminar por senderos muy agrestes en la zona del Naya, zona selvática y fría de la cordillera. Tres de los secuestrados murieron. Las personas privadas de la libertad fueron liberadas cuarenta y cinco días después. El grupo de secuestradores logró escabullirse.

Transcurría el año 2002, se escuchó en la radio la noticia que a partir del 20 de febrero quedaría suspendido el proceso de paz con la FARC-EP. El Gobierno les dio cuarenta y ocho horas para abandonar la zona de distensión. Las fuerzas armadas tomarían de nuevo el territorio. Con ello se da fin a un proceso fallido. Esta zona permitió a la FARC -EP moverse tranquila en un área de cinco municipios y de allí a otras regiones del país.

El once de abril de ese año un grupo de las FARC-EP disfrazados de miembros del ejército entraron en el edificio de la Asamblea Departamental del Valle del Cauca. A las diez y media de la mañana el comando entro al edificio indicando con altavoces que había amenaza de bomba. Les indicaron a los diputados que por seguridad bajaran por determinada puerta, allí los estaría esperando un bus. Los doce diputados salieron por esa puerta. Uno de los policías que prestaba guardia en el recinto se dio cuenta del engaño y fue acuchillado. Fueron sacados de la ciudad de Cali y les informaron que se trataba de un secuestro. Quedaron en manos del Bloque occidental de las FARC-EP

Por estos días Ricardo y Sara se habían fijado como objetivo primordial, trabajar por el futuro de Andrés Felipe. Sacarlo adelante, en medio de una relación que prácticamente no existía. Continuó laborando en Concreto, hasta que cerró oficinas en Cali. Estuvo sin trabajo durante seis meses. Volvió a Bogotá, Carlos Augusto Ramírez un Ingeniero amigo le ofreció trabajo en un consorcio que hacia obras para Transmilenio. Se fue a construir un puente. Era un trabajo muy interesante.

El 28 de abril de 2004, Ricardo observó un fuerte movimiento de ambulancias y ruido de sirenas en la avenida donde estaban construyendo el puente, algo había pasado. Efectivamente por la radio de la obra le estaban pidiendo que prestara una de las grúas. En uno de los frentes a dos kilómetros de donde se encontraba, había ocurrido un trágico accidente. Un equipo del Consorcio al voltearse y caer sobre el carril inferior de la vía, lo había hecho sobre un bus escolar. Era necesario contar con la grúa para retirar el equipo. Era la única manera de sacar los niños aprisionados en el bus.

¡Esto era terrible! La avenida tiene tres carriles de ida y tres de venida, hay un desnivel del carril norte sur de por lo menos diez metros sobre el de sentido contrario, una curva muy cerrada. El equipo venía tal vez a una velocidad por encima de la normal. El conductor fue a tomar la curva, el vehículo muy inestable se volteó y fue a caer sobre el bus escolar del Colegio Agustiniano, que, en ese momento, se movía en sentido contrario. Se observaba el bus completamente destrozado. Se escuchaban los gemidos de los niños. Para Ricardo era una prueba más. Ayudó a sacar niños.! Era dantesco ¡. Muchos muertos, los colocaban al lado de la vía y los cubrían con sábanas. Era muy difícil describir la angustia de los padres por saber si su hijo estaba entre las víctimas. Eso fue una tarde y noche lamentable. Murieron 21 niños, dos adultos y 24 heridos. Para Ricardo esta fue una prueba muy difícil de asimilar.

Habían transcurrido apenas veintiséis días de lo sucedido, cuando le solicitaron rescatar un señor que quedó aprisionado en un puente peatonal. Un camión transportaba una retroexcavadora. El brazo de la misma al pasar por debajo de la estructura la golpeó. En ese momento un transeúnte cruzaba por ese sitio quedando aprisionado entre las barandas de concreto del mismo. Ricardo fue llamado por estar cerca al lugar y en coordinación con una entidad del gobierno municipal se hizo el procedimiento de retirar el cuerpo sin vida del transeúnte. A Ricardo esto lo tenía perturbado. Tantas cosas en tan corto tiempo.

Dos semanas después y gracias a la información de un compañero de trabajo de Cali, se entrevistó con el presidente de una empresa constructora que estaba realizando algunos proyectos en esa ciudad. Renunció y viajó para el Valle del cauca con un nuevo contrato.

Eran los primeros días del mes de junio de 2004, se instaló en nueva oficina en la ciudad de Cali. La Directora de esta sede era una mujer, la Arquitecta Adriana. Ella había estado presente durante la entrevista en Bogotá. A su llegada a Cali Ricardo se encontró con excompañeros de Concreto. Se organizó un grupo de trabajo maravilloso. Se estaban adelantando cuatro proyectos de vivienda en la ciudad. Ricardo debía empezar un movimiento de tierra en una montaña con el fin de aprovecharla y allí construir un edificio de apartamentos. El edificio se terminó dos años después.

Al final de este recibió una llamada del Presidente de la empresa Colvias, con quienes había trabajado en Bogotá. Le pedía el favor si se podían entrevistar para hacerle una propuesta de trabajo.

La reunión se efectuó en las oficinas de Colvias. Le ofrecieron trabajar con ellos fuera del país, en la ciudad de Panamá. Sería el encargado de manejar la parte técnica de los proyectos que ellos tenían en ese país. Cada mes tendría pasajes a Colombia. Descanso de viernes a martes, además tendría participación en un porcentaje de la utilidad. Todo sonaba muy bonito. Ricardo le pidió al señor Francisco le diera una semana para analizar y tomar la decisión.

Ricardo aceptó y viajó para ciudad de Panamá el ocho de enero de 2008.

Habían transcurrido un poco más de ocho años de su llegada del secuestro. Andrés Felipe estaba próximo a cumplir diez y siete años. Se había conseguido una parte de la meta trazada, Andrés Felipe estaba a punto de graduarse de bachiller. Lo seguiría apoyando en la obtención de su futura carrera.

La relación con Sara, era la de unos buenos amigos. Dentro de un respeto y cordialidad.

A Juan Sebastián su otro hijo no lo había vuelto a ver. Sabía muy poco de él.

Jaime su hermano mayor se mantenía en Santa Ana trabajando en una Entidad educativa del Gobierno. De su segundo matrimonio había nacido su otro hijo Luis Alberto. Era contemporáneo con Andrés Felipe.

Mela vivía en Santa Ana. Esmeralda la hija de Aristóbulo, la acompañaba.

Colombia se encontraba en el segundo periodo de gobierno de Álvaro Uribe, el cual había iniciado en el año 2006. Logró su reelección tras haber conseguido la aprobación de la reforma constitucional de 2005. Durante su primer gobierno pudo reducir el secuestro de 2.282 a 213 casos por año, un acercamiento de paz con distintas facciones del conflicto armado como el ELN, FARC-EP y las AUC. Con la participación de la iglesia católica y sectores de la sociedad civil se había logrado este objetivo. Al promulgar la ley de justicia y paz (Ley 975 de 2005) permitió la desmovilización de 35.517 combatientes paramilitares y sus jefes, pertenecientes a las Autodefensas Unidas de Colombia (AUC). De esa cantidad, 4588 fueron postulados a la ley establecida. Las cabezas visibles fueron extraditadas a los Estados Unidos.

El 18 de junio de 2007 se conoció la noticia de la muerte de once diputados secuestrados en la Asamblea Departamental del Valle del Cauca. Según la información los guerrilleros pensaron que el Ejército estaba ingresando al campamento y decidieron matar a los once diputados que en ese momento estaban en ese sitio. Uno de los diputados de nombre Sigfredo López se salvó por no encontrarse con los otros. La guerrilla intento hacer pasar la masacre como resultado de un fuego cruzado con el Ejército. Se demostró que en ningún momento los militares habían entrado en la zona.

La guerrilla los había secuestrado presionando para conseguir por este medio un acuerdo humanitario e intercambiar militares, civiles y políticos secuestrados por guerrilleros presos. El malestar fue muy grande y en algún momento hubo críticas al Gobierno del presidente Uribe por su negativa a negociar con la guerrilla. Así mismo a las FARC-EP por su negligencia, el caso es que los mataron sin ninguna razón.

6. RESPLANDOR EN EL LARGO CAMINO

Era una nueva etapa de la vida, un trabajo diferente al realizado con anterioridad, era el jefe de todos los Ingenieros de la empresa. Colvias llevaba cerca de cinco años de haberse instalado en la ciudad de Panamá. Manejaba la parte técnica, supervisión y control de programaciones de las obras, era el responsable del presupuesto para la ejecución de las mismas, de las relaciones con las entidades que las licitaban. Cada mes ante un comité rendía un informe de los proyectos realizados. Poco a poco se fue familiarizando con lo requerido y muy pronto se movía con tranquilidad entre obras y oficina.

Viajaba a Colombia cada mes. En junio de ese 2008, Andrés Felipe le consultó la posibilidad de realizar un intercambio en Estados Unidos, con la idea de estudiar inglés. El joven al siguiente mes estaba instalado en el Estado de New york. Allí se matriculó en una ciudad llamada Schenectady para realizar el doce, último año de bachillerato en el sistema gringo. Estaría un año en esa ciudad.

Era noticia en los periódicos de la ciudad de Panamá de la liberación de quince secuestrados por las FARC-EP. Esto se había conseguido tras una operación lograda por el gobierno colombiano en cabeza de su Ministro de defensa Juan Manuel Santos. La operación jaque como se llamó permitió que varias personas entre las cuales se encontraba la excandidata a la presidencia de la república Ingrid Betancourt, varios militares colombianos y tres contratistas estadounidenses. Regresaban a la libertad tras cinco años y medio de cautiverio. Era el 2 de julio de 2008.

A través de un engaño a la guerrilla lograron el rescate de todas estas personas.

Ricardo viajó ese fin de año a Colombia estuvo en Santa Ana con sus hermanos y amigos, con ellos compartió la llegada del nuevo año 2009. En el mes de febrero de ese año, un martes, la Gerente Administrativa y su asistente, lo invitaron a almorzar a un restaurante, donde vendían una deliciosa comida colombiana. Efectivamente, muy rica, era como estar en Colombia. Cuando fueron a pedir la cuenta se le acercó a la mesa una hermosa mujer de piel blanca, de unos treinta y cinco años, unos ojos color miel, elegantemente vestida, los saludo y preguntó:

—Buenas tardes, ¿se han sentido bien atendidos?

Ricardo la miró, sus ojos le brillaron al verla.

—Señorita, todo estuvo muy bien, la atención muy buena y el almuerzo a pedir de boca. Muchas gracias.

A Ricardo aquella mujer le había llamado mucho la atención, no se aguantó y torpemente le dijo antes de salir: —Perdone usted podría darme su número telefónico?, nos hemos sentido muy bien y queremos volver.

La joven le dio una tarjeta del restaurante, Ricardo iluso pensaba que era el teléfono de ella, sus compañeras se burlaron de él.

Se volvió asiduo cliente de aquel sitio, los sábados después de medio día estaba buscando donde acomodarse en el restaurante, que se llenaba los fines de semana. Era como alquilar balcón para ver a la administradora. Se encontraba con compañeros de trabajo y amigos, lo agradable era ver la joven que ya sabían su nombre, Libia Amparo, le decían Amparito.

Un domingo Ricardo se acercó al lugar como a las cuatro de la tarde, no había donde sentarse, Amparito le ofreció una mesa pequeña pegada a la barra del restaurante. Ese se volvió el lugar de siempre. Poco a poco de tanto ir allí, charlaba unos minutos con ella, en algunas ocasiones se quedaba después del almuerzo y charlaban un rato, se volvieron amigos. El Ingeniero esperaba con ansia los fines de semana, era muy agradable verla y charlar un rato con ella. Ambos venían de separaciones y eso no era fácil de manejar. Ella descansaba los lunes y un día la invitó a cine, fue muy agradable compartir con ella esa tarde, conversaron mucho y quedó en el ambiente que lo de ellos sería una bonita amistad y nada más. Existía el temor a formalizar alguna relación porque no querían equivocarse.

Pasaron los días de ese año y por cuestiones de trabajo Ricardo dejo de ir al restaurante. A la entrega de una obra después de la reunión de inauguración, fue a visitarla con un compañero de trabajo. En medio de la comida, Alberto, el compañero, se levantó de la mesa, se le acerco a Libia Amparo y le dijo: —Amparito usted porque no le para bolas al Ingeniero, ahora estábamos en una reunión y le dio el desespero por venirla a ver, escúchelo, él es buena persona. Ella se rio y le dijo. —yo lo sé—.

En noviembre de ese año viajó para estados Unidos, fue a visitar a su hijo Andrés Felipe, se tomó una semana por allá. A su regreso Amparito lo llamó a pedirle el favor si le alquilaba una habitación en la casa donde él vivía, Ricardo después de hacerla esperar por la respuesta le respondió:

—Amparito tú me gustas mucho y prefiero evitarme eso para no hacerme ilusiones contigo.

Para ella esto fue como un baldado de agua fría, se molestó, pero le dio las gracias. Después de eso no volvieron hablar.

El treinta de diciembre Ricardo tenía programado viajar a Colombia a las nueve de la noche. Salió de la oficina para almorzar en un restaurante donde normalmente lo hacia los fines de semana. Amparito ya no trabajaba en el restaurante colombiano, estaba laborando en un Hotel llamado las Huasas, precisamente a siete cuadras del restaurante.

Ricardo cuando terminó de almorzar, se acordó de Amparito. Desde noviembre no hablaban. Sería bueno llamarla para desearle felicidades para el año 2010 que se avecina, al fin y al cabo, era una amiga incondicional. Quizá estaría molesta por no brindarle la habitación del apartamento, un detalle seria saludarla. Así lo hizo, la llamó:

—Amparito, ¿buenas tardes cómo te ha ido?

—Hola Ricardo, muy bien, trabajando. Hace días no sabía de ti, has estado muy perdido.

—He estado un poco ocupado. Ahora me encuentro cerca a tu nuevo trabajo y pensé: voy a llamar a Amparito antes de viajar, voy para Colombia hoy. —¿Qué rico y cuánto tiempo vas a estar allá? —Una semana, voy a donde mis hermanos.

—¿Cómo va tu nuevo trabajo?

—Muy bien, mucho movimiento estos días en el hotel.

—Me gustaría ir a saludarte antes de irme.

—Claro, pasa por acá, ¿sabes llegar? Creo que sí, ya nos vemos. Ricardo colgó en teléfono y salió para las Huasas.

Fue un encuentro emotivo de dos buenos amigos, charlaron un rato, había pasado cerca de mes y medio sin verse. Se contaron sus historias hasta que llegó en momento de la despedida, fue un abrazo muy cálido y un beso en la mejilla, muy cerca a la boca. Para Ricardo fue una sensación muy especial y vio que ella le correspondía de manera muy sincera. No se ocultó un sentimiento que estaba naciendo.

Ricardo salió para Colombia como lo tenía programado. Solo estuvo tres días en Colombia y regresó a Panamá. El 31 de diciembre había hablado con Amparito, la sintió muy triste, no tenía a su hijo Juan David con ella y esa soledad la agobiaba.

Estuvo de vuelta a Panamá el domingo en la tarde, en la noche se encontró con ella, salieron a comer. Esto era como el inicio de la relación.

Se encontraban en las noches charlaban hasta la once de la noche. A finales de febrero fueron a la playa a un restaurante cerca a Decamerón, allí comieron pescado frito, caminaron por la playa, pasaron una tarde maravillosa, programaron un paseo para el siguiente fin de semana a un Hotel Meliat cerca de Colón.

El sábado siguiente a medio día estaban en el Hotel, en la noche un evento de música típica y un grupo de salsa, disfrutaron de la velada, sentían cierto temor para irse a acostar. Se habían tomado unos buenos tragos. Al fin, a eso de la una de la mañana se retiraron a la habitación, parecían un par de adolescente, se miraban, fue un protocolo hasta ponerse un pijama, se acostaron se miraban se acariciaban y en esas los sorprendió el nuevo día. Al día siguiente recorrieron la zona del canal, fueron a conocer una de las esclusas, Gatún su nombre.

Después de este paseo, Amparito y Ricardo se encontraban todas las noches, él la acompañaba hasta el apartamento de ella para traer ropa para el día siguiente, esto lo hicieron por dos meses. Al cabo de ese tiempo tomaron la decisión de irse a vivir juntos. Creían que podían dar ese paso, se comprometieron a ser muy honestos en cuanto a la relación y determinaron que solo el tiempo iba a ser el garante de su duración.

Buscaron un apartamento amoblado, lo alquilaron y empezaron a vivir allí.

El trabajo para Ricardo marchaba sin inconveniente, Amparito de igual manera en el Hotel.

Andrés Felipe regresó de Estados Unidos, siguió estudiando inglés en Panamá. El 17 de enero del 2011 se desplazó para Barcelona, era su plan estudiar allí. Juan David el único hijo de Amparito quien había llegado el año anterior a Panamá, se matriculó en la carrera de Derecho, validando materias que había visto en la misma carrera en Colombia. Se integró a esta nueva familia y para Ricardo se convirtió en otro de sus hijos. Su forma de ser, bien educado, respetuoso, de buenas costumbres permitió que pronto se ubicara en el medio panameño.

La relación de la pareja fue creciendo cada día más, se hacían falta cuando no estaban juntos, se convirtió en una relación muy hermosa. El 14 de julio de 2012 contrajeron matrimonio por lo civil. Sus vacaciones las aprovechaban para viajar. En diciembre de 2010 habían Recorrido el Perú y su cultura Inca.

En noviembre de 2012 recibieron la visita de los hermanos de Ricardo, Jaime, su esposa y Mela su hermana. Fue un encuentro que permitió unir más la familia. Recorrieron Panamá y se divirtieron como quizá no lo hacían desde hace muchos años. Se comprometieron a seguir realizando el encuentro cada año.

Ricardo y Amparito en diciembre se fueron para New York. Ella recién tenía la visa y no conocía. Ese fin de año estuvieron en cuanto sitio podían. El 31 de diciembre en medio de un frio aterrador, cubiertos hasta los ojos con grandes sacos esperaron la llegada del fin de año. Al día siguiente viajaron a Washington, recorrieron sus sitios icónicos

El siete de enero del 2013 que se comunicaron con Colombia, se enteraron que hacía cuatro días había muerto Jaime, su hermano. Interrumpieron el viaje y viajaron a Colombia. Por Jaime se realizó una misa y sus cenizas de acuerdo a lo sugerido por él en vida, fueron esparcidas en un río de la ciudad. Un padre amigo de la familia bendijo la relación entre Ricardo y Amparito declarándolos de una manera simbólica marido y mujer.

En diciembre de 2013 viajaron a Miami. El objetivo conocer los parques de Disney y realizar un encuentro esperado y programado por Ricardo, ver a su hijo Juan Sebastián, quien trabajaba en uno de esos sitios durante las vacaciones de su estudio de literatura en la Universidad de la Florida. Entraron a la tienda donde estaba Juan Sebastián. Fue un encuentro muy emotivo, un abrazo tan fuerte y sincero, no se veían desde antes del secuestro. Al final del día de trabajo de Juan Sebastián, se encontraron de nuevo. Esa semana estuvieron juntos, Dios les daba la oportunidad de encontrarse de nuevo. En mayo de 2014, Juan Sebastián se graduó en su carrera de literatura.

En días cercanos al segundo aniversario de su matrimonio, programaron viaje para Europa. Llegaron a Ámsterdam el 19 de junio de 2014, luego a Barcelona, recorrieron sur de España. El 27 de junio el grado de Andrés Felipe. Con Andrés Felipe recorrieron París, Ámsterdam, Berlín y Barcelona. También estuvieron en Venecia y Roma, estos dos últimos sitios lo hicieron solos, la luna de miel esperada.

Ricardo dejaba atrás todos aquellos difíciles momentos vividos, había encontrado su complemento, su alma gemela, sin buscarla. Para esta pareja el destino, si así se puede decir, los había unido, cada uno con sus propios problemas, con los altibajos de la vida. Un día cualquiera en Panamá Dios los había puesto en el mismo ruta para que se encontraran, para que juntos siguiera trazando nuevos caminos, tal vez con nuevas dificultades, pero eso si seguros que el final el resplandor de un nuevo sol les mostraría un mejor mañana.

Amparito & Ricardo

7. AL FINAL DEL CAMINO

El 24 de noviembre de 2016, las negociaciones de paz entre el Gobierno Colombiano en cabeza del presidente Juan Manuel Santos y las Fuerzas Armadas Revolucionarias de Colombia (FARC-EP) consiguieron poner fin al conflicto armado interno de Colombia con ese grupo. Después de negociaciones en la Habana y Oslo se obtuvo como resultado la firma del acuerdo final.

Este conflicto armado y en especial con las FARC- EP deja muchas secuelas y amerita una reparación de víctimas, porque como todos los participantes en esta guerra, este grupo armado tuvo relación directa con varios eventos que costaron muchas vidas a personas civiles. Enunciamos algunos aquí:

Masacre en Bojayá, ubicado en el departamento del Chocó, occidente de Colombia, frontera con Panamá. El jueves 2 de mayo de 2002 fallecieron 119 personas de la población civil, entre ellos 46 niños, cuando un cilindro de gas explotó en el techo de la iglesia de la población.

Atentado al Club El Nogal, uno de los más exclusivos centros sociales de la ciudad de Bogotá. A eso de las 8:05 de la noche del viernes 7 de febrero de 2003, explotó un carro bomba con 200 kilos de explosivos. El atentado dejó 40 muertos y más de 160 heridos.

Minas antipersonas, secuestros, personas desaparecidas, la muerte de los once diputados de la Asamblea Departamental de la ciudad de Cali, secuestrados el 11 de abril de 2002.

Aún en Colombia se mantiene el Ejército de Liberación Nacional (ELN) quien ha engrosado sus filas y se ha ubicado en zonas estratégicas del país, la disidencia de las FARC-EP, bandas criminales y grupos post paramilitares. A esto hay que sumarle el narcotráfico que no cesa. Las hectáreas cultivadas en Colombia han ido en aumento. Estos factores hacen que Colombia no alcance la paz esperada.

Andrés Felipe se quedó trabajando un tiempo en Barcelona, luego viajo a Dubái. Laboró allí por año y medio. Posteriormente se radicó en ciudad de México, tiene una empresa llamada: DIRECTORIO STUDIO INC. Andrés es un estratega creativo, director de arte y diseñador. Su labor, conjugar los valores fundamentales de proyectos creativos y culturales, con ello busca incentivar la reconfiguración de la cultura, promover nuevas formas de educación.

Juan Sebastián se graduó en la Universidad de la Florida, en Tallahassee, está radicado en Liverpool donde trabaja en una de las Universidades. Comparte su unión familiar con Kat. y su pequeña niña: Florencia Callíope.

Juan David, el hijo de Amparito, estudió Derecho, labora en la ciudad de Panamá., tiene un hijo, Samuel, de catorce años. Comparte una bonita relación con Melisa Cajas y su hijo Liam.

Mela se jubiló de profesora, pero ha seguido laborando. Es licenciada en español, literatura y comunicación audiovisual. Realiza asesorías relacionadas con su actividad. Esmeralda se graduó como contadora, se casó, tiene un hijo llamado Daniel.

Los hijos de Jaime terminaron sus carreras, Jaime Andrés es publicista, vive en Santa Ana, Luis Alberto estudió veterinaria, vive en Orlando.

Héctor Darío su amigo de toda la vida se ha jubilado. Licenciado en educación física, reside en Santa Ana.

Ricardo y Amparito continúan en Panamá. La tranquilidad de la ciudad los acompaña. Se pueden mover para cualquier sitio sin temores. Pueden recorrer los campos, caminar en las horas de la noche sin sentir el sobresalto de alguien que los esté acechando. No tienen abundancia de dinero, pero tiene una riqueza espiritual que los acompaña todo el tiempo. Saben que el **tramo oscuro del largo camino se ha quedado atrás**...

REGISTRO FOTOGRÁFICO

Andres F. *Juan S.*

Carmes Elisa, Mela

Jaime

Amaparito, Samuel & Juan David

NOTA DEL AUTOR

El Tramo Oscuro del Largo Camino no es una obra de ficción. Es una narración muy cercana a la realidad. Colombia ha pasado por momentos muy difíciles, que quizá nuestros jóvenes no conocen. Se ha querido realizar un aporte, un pequeño grano de arena para que estos hechos no se vuelvan a repetir. Al contrario, con la ayuda de ellos que son el futuro inmediato de nuestro país se busque el equilibrio necesario para una convivencia sana y una vida prospera.

AGRADECIMIENTOS

Durante el tiempo de escritura del libro hubo varias personas muy cercanas que me regalaron su tiempo, sus consejos, sus comentarios, su experiencia. Muchas gracias a: Amparito González, mi esposa; Carmen Elisa Caicedo, hermana; Andrés Felipe Caicedo, hijo; Jaime Andrés Caicedo, sobrino y a mi buen amigo Carlos Mazuera.

Aprovecho también, para manifestarle mi gratitud de una manera especial, a mis amigos, compañeros de trabajo, familiares y a todos aquellos que durante mi secuestro me acompañaros desde la distancia. Un abrazo muy grande.

B.C.G.

Ciudad de Panamá, 21 de agosto de 2023

www.ingramcontent.com/pod-product-compliance
Lightning Source LLC
LaVergne TN
LVHW050317160826
845677LV00014B/3448
9789962177685